《山西文華》編纂委員會　編

山西文華·史料編

河東鹽政紀要

清　佚名◎編

山西出版傳媒集團
三晉出版社

圖書在版編目(CIP)數據

河東鹽政紀要 / (清)佚名編. —太原：三晋出版社，2018.11
ISBN 978-7-5457-1773-0

Ⅰ. ①河… Ⅱ. ①佚… Ⅲ. ①河東—鹽業史—清代
Ⅳ. ①F426.82

中國版本圖書館 CIP 數據核字(2018)第 275357 號

河東鹽政紀要

編　　者：〔清〕佚　名
責任編輯：朱慧峰
封扉設計：山西天目·王明自

出 版 者：山西出版傳媒集團·三晋出版社（原山西古籍出版社）
地　　址：太原市建設南路 21 號
郵　　編：030012
電　　話：0351-4922268（發行中心）
0351-4956036（總編室）
0351-4922203（印製部）
網　　址：http://www.sjcbs.cn

經 銷 者：新華書店
承 印 者：山西人民印刷有限責任公司

開　　本：700mm × 1000mm　1/16
印　　張：14
字　　數：70 千字
版　　次：2018 年 11 月　第 1 版
印　　次：2018 年 11 月　第 1 次印刷
書　　號：ISBN　978-7-5457-1773-0
定　　價：90.00 圓

ISBN 978-7-5457-1773-0

《山西文華》編纂委員會

《山西文華》學術顧問委員會

李　零　李文儒　李學勤　袁行霈　唐浩明

梁　衡　張　頷　張光華　葛劍雄　楊建業

《山西文華》分編主編

著述編　劉毓慶　渠傳福

史料編　張慶捷　李晉林

圖録編　李德仁　趙瑞民

出版説明

山西東屏太行，西瀕黄河，北通塞外，南控中原，是中華民族的主要發祥地之一。中華文明輝煌燦爛，三晋文化源遠流長。歷史文獻豐富，文化遺産厚重，形成了兼容並包、積澱深厚、韵味獨特的晋文化。山西省政府决定編纂大型歷史文獻叢書《山西文華》，以彙集三晋文獻、傳承三晋文化、弘揚三晋文明。

《山西文華》力求把握正確方向，尊重歷史原貌，突出山西特色，薈萃文化精華，按照搶救、保護、整理、傳承的原則整理出版圖書。叢書規模大，編纂時間長，參與人員多，特將有關編纂則例簡要説明如下。

一、《山西文華》是有關山西現今地域的大型歷史文獻叢書，分「著述編」「史料編」「圖録編」。每編之下項目平列；重大系列性項目，按其項目規模特徵，制定合理的編纂方式。

二、「著述編」以一九四九年十月一日前山西籍作者（含長期在晋之作者）的著述爲主，兼收今人有關山西歷史文化的研究性著述。

三、「史料編」收録一九四九年十月一日前有關山西的方志、金石、日記、年譜、族譜、檔案、報刊等史料，以影印爲主要整理方式。

四、「圖録編」主要收録一九四九年十月一日前有關山西的文化遺産精華，包括古代建築、壁畫、彩塑、書畫、民間藝術等，兼收古地圖等大型圖文資料。

五、今人著述采用簡體漢字横排，古代著述采用繁體漢字横排。

《山西文華》編纂委員會

出版前言

《河東鹽政紀要》，著作人不明，無序，亦不明著作之具體時間與目的。據書中所載，提到宣統三年（見「引地門」），又有「國朝」之稱（見「場灶門」）與「我朝」（見「徵榷門」），似爲清代人作於清末，然也不排除爲清遺民作於民國初年。

全書分五門，即場灶門、引地門、運銷門、徵榷門、職官門。所謂門，如今之章或節，爲當時分類術語。从其五門分類而言，确爲紀要，不似「河東鹽法志」之門類全備；而撮要述「鹽政」，似透出作者爲從事鹽政之官員或專事研究鹽政之學者。

「場灶門」爲鹽池之地理概述，分「坐落地段」「區域大小」「建置年月」「畦地」「蘆地」「庵厦」「灘池」「井」等，如「畦地」注曰：「潞鹽産地，原祇東、西二池。國朝康熙間始分中、東、西三場，場間治畦曬鹽，不事煎熬，故不曰『灶地』而曰『畦地』。」由此，知道曬鹽與熬鹽的時間分界點，應在清康熙年之後，而且，「畦」爲最基本的經濟單位，即以「畦」定「引」，以「引」定「税額」。又鹽畦有用有荒，用畦與荒畦，須逐年調查，始得實數，是一個十分複雜的經濟統計過程。

「運銷門」自然是講池鹽的運銷，其中的基礎是「計引行鹽」，即按照「引」的計劃，確定運銷鹽的數量。至於引的數額，則因當時社會政治之需或市場之需而定。大致而言，池鹽所銷地理範圍，在晋、豫、陝三地；範圍大小隨各種因素而消長。「引地門」所述，即池鹽所達之地，是「運銷門」之延續，而所述之詳明，可謂至矣。「徵榷門」自然是有關池鹽徵税的記述，是池鹽之於國利的核心。其中所分大類有「正課」與「雜課」，其云：「明初鹽法，令商人輸粟於邊，而中鹽於場，謂之开中。其後練餉興而开中廢，嚮之輸粟者遂轉而輸銀，此解池鹽課銀所由來也。我朝順治初元，裁汰明季浮課，歲定正課一十三萬一千餘兩，每引合銀三錢二分，後漸加徵雜課。」此其正課、浮課所由來也，至於正、浮課之演變，可稱紛繁複雜，兹不一一列舉，而於研究池鹽税賦者，則甚爲重要。

至於「河東職官門」，分「職官額缺制録表」「局所員書薪工表」「緝私員勇薪餉表」，可視爲池鹽官員設置和管理的簡述；而其内容之簡，則可視爲全書的附録，故置於書末。

縱觀全書，以「鹽政」爲記述对象，而以「紀要」爲原則，以有清一代爲記述对象，结構簡約，記述詳明，是研究清代河東鹽池經濟的重要資料。原爲手鈔本，並以油印本行世，可謂稀見，今藏於中國國家圖書館，故予原版影印，作爲《山西文華》叢書中有關河東鹽業史料之一種，以廣而傳之，並供研究者使用。

郭建平

二〇一八年十一月

目録

河東鹽政紀要稿本 場竈門

河東場灶門分目

鹽場　坐落地段　區域大小
　　建置年月

場地　畦地　蘆地

製鹽　庵房　灘池　井　曬鹽器具
　　曬鹽方法　鹽質　工本

畦丁

料臺

產數　額產　實產　產各數目

場灶門目錄　一

場灶門目錄　一

河東

鹽場

坐落地段

河東鹽場坐落解州及所屬安邑縣境內名為解池

尊所統也場北曰運城其地專隸安邑為鹽務總匯

之區鹽法道駐焉

區域大小

解州居中條山北麓東西長五十餘里南北闊七里

場產門

一

緣以禁垣護以隍塹周圍一百二十里東據安邑西跨解梁南面中條山北枕運城其地東高於西北高於南中自成池柳子厚所謂化若神造非人力之功也唐時解池已有籬壕圍塹宋元遞改明成化間環解池而城之謂之禁垣其城北面闢為三門中曰祐寶與運城相對東曰育寶距安邑縣城五里西曰成寶距解州城十里蓋因地勢之自然而為之他處鹽場均不能仿效也

建置年月

國初沿前明舊制於運城設都轉鹽運使運同運副運判經歷知事庫大使三場大使三司巡檢等官康熙十六年裁運同運副運判三缺二十四年復設運判雍正二年改運判為運同乾隆五十七年課歸地丁鹽務各官一律裁汰而以河東道兼管鹽法由是河東道遂自蒲州府移駐於運城嘉慶十二年復歸商運鹽道仍舊惟改甯武府同知為河東監掣同知並

場灶門二

以鹽經歷兼知事并運庫大使三場大使三司巡檢

均各復設至今因之

場地

畦地

潞鹽產地原祇東西二池

國朝康熙間始分中東西三場場自治畦曬鹽不事煎

熬故不曰竈地而曰畦地定制畦之寬廣不論畝數

每畦曬鹽歲可一百二十引者納課一錠錠重五十

兩其畦即名為一錠統計三場額畦二千七百八十八錠半內十二錠商人四十名六錠商人三百七十九名九錠一引商人一名五錠商人三名五錠五十九引商人一名五錠一百一十引商人一名共商人四百二十五名是即四百二十五號嘉慶十六年奏報三場荒畦一律修完案內報明額畦四百六十五號餘畦一百二十號嗣又續開餘畦二號共額餘畦五百八十七號其現曬現荒號數分場開列如左

場灶門　三

中場十鋪額畦一百三十四號　餘畦二十一號　共一百五十五號

現曬一百二十號　現荒三十五號

東場十一鋪額畦二百四十五號　餘畦二十二號　共二百六十七號

現曬二百二十四號　現荒四十三號

西場十一鋪額畦八十六號　餘畦七十九號　共一百六十五號

現曬六十六號　現荒九十九號

以上三場額餘畦五百八十七號現曬四百一十號現荒一百七十七號此最近調查之數

按畦號定界自南至北長短各異鹽志所載任商力為之若是矣東西曰闊中場每號闊十丈西場每號闊十五丈東場自東無礙鋪至東五鋪每號皆闊六丈五尺其餘每號闊九丈此則已成陳迹節年畦號屢增額餘豆改校以現在廣狹之度丈尺迥殊大率以港道腳道為界港道者以引灘水腳道者以通行人也定制畦在南廒在北庵肆庵屋分類東西兩場地面較廣各於十鋪之外多加一鋪名曰阡鋪東阡鋪鹵氣

場灶門　四

尤厚商人爭相拓闢有上節中節底節南岸之稱庵房環抱東南而畦反在西北矣近年鹽務疲滯池鹽售價不敷工本以致現荒畦號已逾十成之三且以西場爲最多中場次之東場又次之此中消長盈虛時有變更故併識於此

蘆地

解池無蕩地而有蘆地蓋即護池容水之地坐落池外湯里等村隸安邑縣境所產蘆葦專作苫料舖苫

之用雍正年間徵有蘆課及蘆葦變價等銀乾隆五十七年課歸地丁案內奏准裁免蘆蕩地亦一律墾種

製鹽

庵屋

唐時解池有亭戶其制不詳宋時以戶民爲畦夫悉蠲其他役每歲自三月一日墾畦四月始種八月乃罷官廩給之即今之治畦曬鹽也凡經理工作與工人所棲止多擇高阜建築庵屋鱗次櫛比經理所居謂之庵工人所

場灶門　三

居謂之厦其建築形式與行棧無異而取名庵厦者以池內禁地不准容留婦女也自元明以及

本朝皆因之光緒丁丑大旱鹽務疲滯畦商無力開晒輾轉歸併數萬金之畦業幾於不名一錢故有棄畦而逃者現在所存庵厦除左列五十四處外餘則坍塌曠廢或併瓦礫俱無矣

中場現存庵厦十六家

東場現存庵厦三十二家

西場現存庵厦六家

灘池

解池綿亘東西原有黑河一道經年不涸鹵氣最烈引畦灌晒成鹽甚速名為鹽根亦曰鹽母迤南曰南灘其水來自中條每遇亢暘亦可引以灌曬然山水暴發亦足為患因築長堤以堰之名曰護寶長堤堰堤長七千一十四丈貫中東西三場乾隆二十二年客水漫池黑河為泥沙所淤屢經奏明挑挖卒因工程浩大旋濬旋淤而止於是就池蓄鹵或借資灘水灌畦澆

場灶門　六

矖惟東場鹵氣獨厚池水灘水皆較中西兩場為優以故東場產鹽恆居十之八中西僅十之二也

井

解池自黑河被淹東場商人遂有開井取鹵者但井式有二一為商人劉阜和所創始於乾隆四十二年口面極寬環縫率數十丈下則層縫縮小及泉而止泉水即鹵水也試鹵之法用鍋煎煮每水一斤可成鹽六兩者為上至取鹵灌畦則用木斗每級二人掣木斗而上之或數級或二三十

級始達畦面費雖鉅而可經久中西兩場亦不至相形見絀即今之所謂滷沱者是也一為商人李傳典所創始於光緒初年形與汲水井眼相同直穿而下不為階級因其土性鬆浮易於坍陷則豎樁木以護之每井工資祇需錢數十千然終不若滷沱之效遠用宏近年穿井者多滷沱漸形荒廢且穿井之法僅宜於東場而中西兩場即穿井亦不得泉若聽其自然中西兩場之荒畦必至日甚一日即東場坐商因

穿井爭界釁隙轉亦多宋時修復解池大興徭役數年而後成事詳通攷蓋鹽務根本之地課利所關不可忽也

曬鹽器具

修治曬鹽畦底必先務築堅實掃除潔淨所用之器曰械曰杵曰櫌曰帚掣水上畦乘時撓水所用之器曰木斗曰水板扒搨鹽花刮收鹽斤所用之器曰木扒曰木鍁曰鐵鉋曰鐵鏟盤鹽歸料[illegible]所用之器曰

差曰擔

曬鹽方法

春初工人入池治畦淘溝涘薰風一至即引水澆曬澆者灌之以水晒者曝之以日也先用木斗挹水注於畦之首段時以鐵扒攪之曰曝味作挹注次段首段另注新水次段水鹹色赤挹注三段俟其澄清開門滕隅以灌四段段段開灌悉依前法水氣漸收鹵氣漸厚以次注於成鹽之畦多者歷七八段少者歷

場灶門　八

四五段水至成鹽畦時深不過一二寸經時鹽花浮上若凝脂集雪乃用木扒挶之謂之挶花花落水底映日晶瑩有如編貝風吹日曝水乾而鹽成矣若未乾而陰雨將至則急撈出置於畦塍覆以蘆席爭先恐後名曰搶鹽至成鹽日期有頭水二水三水四水之分頭水者第一次所產之鹽也頭水成鹽至速須八九日二水五六日三水四水四五日非晴明無間一月以上無曬至三四水者蓋大雨一至畦中預儲滷氣蕩滌

無餘重事灌注又為頭水故晒鹽全賴久晴而又不宜亢暘亢暘則水涸無可汲灌鹽之質味以第二三四水為最佳頭水暨五水以下均不能及

鹽質

史記貨殖傳猗頓用盬鹽起家註曰盬鹽河東大鹽謂顆粒之大異於散鹽也蓋當畦鹽將成之時若得小雨則顆粒愈大色質鮮明俗謂雨水鹽此鹽惟夏令有之春秋生鹽多硝歲旱粒細而芒而多日色不

場灶門

烈則色質青暗正南風正東風鹽成一夕東北西南風鹽花不浮滿畦如沸粥謂之粥發味苦色惡須刮置畦外俟風轉再以入畦和水晒之一日仍可成鹽即俗所謂早種暮收者解池所産者顆鹽惟粒有鉅細之分耳

工本

潞鹽工本輕重視産收之豐歉為衡當興工開晒之時三場工人約共五千人左右全年傭值及口食平

均計算每工需銀三十兩之譜共需銀一十五萬兩如果產鹽能及五千名上下每二百五十斤為一引每一百二十引為一名每名重三萬斤則每名成本適合銀三十兩每斤合銀一釐產多則遞減產少則遞增此其大畧也若夫東場鹵厚產易一工可抵數工之用中西鹵薄產難至有數十工收鹽不過數名者加以自晒租晒之不同售貴售賤之靡定則又盈虧迥異而不可同日語者也

畦丁

場灶門

河東自順治四年畦歸商人自晒不用鹽丁撈採是為潞綱坐商之始所用工人名曰畦丁俗又呼為長工坐商者各出己資典置畦地募工晒鹽坐以待售之謂也畦丁則按年計值終歲胼胝當炎風烈日置身泥淖之中飯糗食麤求茹蔬而不得三分一日謂之三晌陰雨疾病按晌扣除工資工事完畢酌予酬勞謂之完場酒銀計一工全年所得工資及酒銀至多不過十三四兩近時坐商疲困新鹽艱於出售有遲至冬臘月不能完場以致工人

百十成羣赴蒞喊控轉禍而遂整付工資者光緒三年大祲後土民流亡過半全賴直豫魯三省苦力前來傭趁長工不足則雇用短工領袖工人者曰作頭次於作頭者曰伴作二人時有更易不似別省灶丁之有户籍可攷至坐商户籍載在鹽志商名四百二十有五統歸商籍今歷年既久展轉歸併以及租晒夥晒皆另具的名各歸各場按年數查前列製鹽項下三場現存庵厦共祗五十四家即三場現時晒鹽所有之的名而原列

場灶門二

商名今則編作畦名矣的名互有更易年各不同故不一一開列

料臺

澇鹽在池屯積之區名曰料臺多與庵厦相近取其地勢高敞無雨水浸溼之患且易於看守前明定制堆鹽千引為一料今從商便各視其地址之濶狹産鹽之多寡分別屯積入冬完場時各將畦邊堆積新産之鹽盤歸料臺名曰盤料至大之料有容一二百名者上以蘆席覆之外封以泥延環起伏望若蘧廬

而欲知其多寡盈虛則準之以尺折方核計每高五
尺長濶各一丈折合鹽一名計重三萬斤若高一丈
長濶各一丈則折合二名餘以類推道光二十年因
池產新鹽堆積畦旁易致風雨耗傷宵小偷竊奏准
隨時歸料各坐商派人看守名曰加役搭蓋草舍名
曰小廒每年大料歸齊河東道親詣各塲分別指料
丈量新陳料垛相符造册詳報
產數

額產實產各數目

解池產鹽本有定額攷諸鹽志每納課銀五十兩其畦即為一錠額產鹽一百二十引計重三萬斤逐錠皆有商名亦即謂之一名統計三場鹽畦二千七百八十八錠半是額產鹽數應有二千七百八十八名六十引此乾隆年間舊制嗣後時殊勢異迭有變更額畦餘畦共為五百八十七號行鹽引票增至五千二百九十餘名畦有鹵厚鹵薄之分鹽有豐產歉產

之別故自黑河被淹後按年支配以足供運銷為宜近今供過於求三場積存陳鹽不下萬數千名雖宣統元二兩年因雨水過多產收新鹽不敷配運然以光緒三十三四兩年多產之數互相牽算則仍有盈無絀售價日賤商困日深此宣統二年河東鹽商所以有設立產鹽公所之請一則援濟晒本一則維持鹽價奉准試辦在案所有近年豐產歉產各數臚列於左以備參攷

場灶門　十三

光緒三十三年
東場　五千五百六十名九十二引
中場賣產鹽八百一十六名三十八引
西場　四百四十七名一引
共六千八百二十四名一十一引

光緒三十四年
東場　五千三百二名一百一十八引
中場賣產鹽七百九十四名七十三引
西場　四百九十九名六十二引
共六千五百九十七名一十三引

宣統元年
東場　三千九百三十二名三十六引
中場賣產鹽四百八十一名二十四引
西場　二百八十六名四十二引

共四千六百九十九名一百五引

宣統二年東場中場四場實產鹽二千一百九十五名二十六引
一百七十三名一十七引
七十七名六十二引

共二千四百四十六名八十五引

場灶門

十四

河東鹽政紀要稿本 引地門

河東引地門分目

行鹽區域

引岸　水陸程途附

票地　緝私關隘

引古門目錄 一

河東

行鹽區域

引岸

潞綱引岸代有沿革乾隆三十三年定爲額引行鹽州縣一百一十九處屬於山西者則平陽蒲州澤州潞安四府霍解絳三州及隰州所屬之蒲縣屬於陝西者則西安同州興安三府商乾二州及邠州所屬之三水淳化二縣屬於河南者則河南南陽二府陝

汝二州及許州所屬之襄城縣是皆領河東之引行解池之鹽又領引納稅五十三處屬於山西者則太原汾州甯武三府平定保德忻代遼沁六州及隰州倂所屬之大甯永和二縣均食土鹽屬於陝西者則鳳翔府及邠州所屬之長武縣均食花馬池鹽然皆領河東之引各由地方官徵收鹽稅此乾隆年間河東引岸一百七十二處載於河東鹽法備覽者也嘉慶十二十八等年先後奏明將陝西邠州併所屬之

三水淳化二縣及興安府屬七廳縣原係六縣新設漢陰一廳改為鹽稅引地自是領引行鹽僅一百一十處而領引納稅之五十三處除陝西鳳翔府及邠州所屬之長武縣九處外山西尚有太原汾州甯武三府平定保德忻代遼沁六州及隰州併所屬之大甯永和二縣計四十四處以及大同朔平兩府屬之十三州縣併口外七廳共六十四處均於阿拉善王瑪哈巴拉呈獻吉蘭泰鹽湖之際劃為吉蘭泰引岸迨後吉鹽停

引地門

運課額攤入河東遂於原有太汾等四十四處鹽稅引內剔出嵐等十四廳州縣亦歸河東領引完課配銷潞鹽而陽曲等三十州縣則歸藩司衙門領引徵稅此嘉慶年間河東引岸分別行鹽認課暨山西省北鹽務各處載於增修河東鹽法備覽者也自此以後三省行鹽引岸因仍未改而山西省北之六十四廳州縣今已增為七十一廳州縣內除甯武西路鹽捕同知暨樂平縣均改併員缺外實有六十九

廳州縣歷皆蒙土兼食雖土鹽徵稅蒙鹽抽釐而糅雜紛紜皆屬無課之鹽宣統二年督辦鹽政處有整頓山西北路鹽務之奏以劃分引岸官運商銷為入手辦法擬將太原汾州以西黃河以東武川五原以南隰州以北運銷吉蘭泰鹽以鄂爾多斯鹽附之豐鎮寧遠興和陶林等廳及大同忻代等府州運銷烏珠穆沁鹽以蘇尼特鹽附之平定遼州以東民間慣食蘆鹽仍由官借運蘆鹽招商認銷以上蒙鹽蘆鹽

均於宣統三年由鹽政處頒發印票以票代引是為票地其太原等二十餘州縣雖行官鹽該處所產之土鹽仍准照舊行銷又太原汾州兩屬近年試銷之潞鹽併准悉仍其舊至東素海臺土鹽壅滯歸化托克托城一帶為官運蒙鹽之梗與夫陝西灘晉之花馬池鹽及小鹽向章本禁渡河均擬逐漸堵截不准入晉此又山西北路鹽務現在設法整頓招商認岸之載在奏牘者也茲將嘉慶年間奏定行銷潞鹽一

百一十廳州縣分列於左而以宣統二年奏明暨豫省北鹽務現在定為票地之六十九廳州縣附之

行銷潞鹽一百一十廳州縣水陸運道及相距運城里數逐一附入

山西省四十四州縣向皆陸運引鹽出場後發解州芮城者在解州東關卸載發蒲州府六縣者在運城西關卸載餘皆在於安邑南關卸載分別轉運

臨汾縣三百一十里 洪洞縣三百七十里 岳陽縣四百二十里

曲沃縣二百一十里 翼城縣二百六十里 浮山縣三百三十里

太平縣二百四十里 襄陵縣二百九十里 鄉寧縣四百七十里

引地門　四

吉　州三百三十里以上平陽府屬　永濟縣一百四十里　臨晉縣八十五里
鄉寧縣八十里　榮河縣一百五十里　萬泉縣一百二十里
猗氏縣六十里以上蒲州府屬　鳳臺縣五百九十里　高平縣五百四十里
陵川縣六百四十里　沁水縣三百七十里　陽城縣五百里以上澤州府屬
長治縣六百九十里　長子縣六百九十里　屯留縣七百里
襄垣縣七百七十里　潞城縣七百八十里　壺關縣七百五十里
黎城縣八百四十里以上潞安府屬　霍　州四百五十里　靈石縣五百五十里
趙城縣四百里　汾西縣四百八十里以上霍州屬　解　州四十里

安邑縣一十五里　夏縣六十里　平陸縣一百五里
芮城縣一百二十里以上解州屬　絳州一百七十里　聞喜縣一百里
河津縣一百三十五里　稷山縣一百六十里　絳縣一百九十里
垣曲縣三百十里以上絳州屬　蒲縣四百六十里隰州屬
陝西省一三十四廳州縣內水運二十三州縣陸運十
一廳州縣引鹽出場後均在運城西關卸載
間有分卸解州者皆聽發臨晉縣之夾馬口
永濟縣之下馬口兩口等分別水運陸運
咸寧縣六百里　長安縣六百里　涇陽縣五百四十里
三原縣五百里　渭南縣五百八十里　臨潼縣四百七十里

弓弋門　五

盩厔縣七百三十里　醴泉縣六百八十里　藍田縣五百七十里

高陵縣四百七十里　興平縣六百六十里　咸陽縣六百二十里

鄠縣六百六十里以上西安府屬　商州五百二十八里　鎮安縣六　里

雒南縣四百二十八里　山陽縣六百三十里　商南縣六百三十里以上商州屬

華州三百八十五里　華陰縣二百九十里以上同州府屬　乾州七百三十里

武功縣七百五十里　永壽縣八百二十里以上乾州屬

以上水運二十三州縣由夾下雨口岸裝船渡黃河

行至華陰縣境轉入渭河牽挽西上

富平縣三百八十里　同官縣四百一十里　耀州四百一十里以上西安府屬

大荔縣二百二十里　潼關廳二百五十里　朝邑縣一百八十里

郃陽縣二百七十里　澄城縣二百二十里　韓城縣二百一十里

白水縣三百六十里　蒲城縣三百一十里以上同州府屬

以上陸運十一廳州縣由下馬口裝船渡黃起岸

陸運

河南省三十二廳州縣內水運二縣陸運三十廳州縣引鹽出場後均在安邑南關運城東關卸載轉運平陸縣之茅津渡分別水運陸運

孟津縣四百四十里　鞏縣五百一十里皆河南府屬

以上水運二縣由茅津渡裝船入黃順流東下經過三門暨中流砥柱皆著名天險船至孟津縣境之鐵謝鎮起岸銷售其分運鞏縣者由鐵謝下駁轉入洛河方能達岸在鞏縣之東站鎮卸載分售

陝州一百一十里　靈寶縣一百里　閿鄉縣三百七十里

盧氏縣二百八十里以上陝州屬　洛陽縣三百九十里　偃師縣四百六十里

宜陽縣三百三十五里　登封縣五百二十里　永甯縣四百五里

澠池縣二百三十里　新安縣三百二十里　嵩　縣四百五十里以上河南府屬
南陽縣一千一十五里　鎮平縣一千七十五里　唐　縣一千四十里
桐柏縣一千二百里　鄧　州九百九十里　新野縣一千一百三十五里
淅川廳九百五十里　葉　縣七百六十五里　泌陽縣一千一十四里
裕　州八百九十五里　南召縣七百八十五里　内鄉縣七百六十里以上南陽府屬
汝　州五百五十五里　魯山縣六百七十五里　郟　縣六百四十五里
寶豐縣六百二十五里　伊陽縣五百四十五里以上汝州屬　襄城縣七百五里許州屬
以上陸運三十廳州縣均由茅津渡裴鼎渡黃在

引地門　七

引地門

於陝州境之會興鎮碼頭起岸運售

票地

陽曲縣　太原縣　榆次縣　太谷縣

祁縣　徐溝縣　交城縣　文水縣（以上太原府屬）

汾陽縣　孝義縣　平遥縣　介休縣

石樓縣（以上汾州府屬）　平定州　樂平縣（裁缺）　盂縣

壽陽縣（以上平定州屬）　忻州　定襄縣（忻州屬）　代州

五臺縣　崞縣（以上代州屬）　隰州　大甯縣

永和縣以上隰州屬　沁州　武鄉縣沁州屬　遼州

和順縣　榆社縣以上遼州屬

此即原領鹽稅引歸藩司就地徵稅之三十州縣

除樂平縣裁缺外實存二十九州縣

岢嵐州　嵐縣　興縣以上太原府屬　靜樂縣忻州屬

繁峙縣代州屬　保德州　河曲縣保德州屬　沁源縣沁州屬

臨縣　永寧州　寧鄉縣以上汾州府屬　寧武縣

寧武西路鹽捕同知裁缺　神池縣以上寧武府屬

引地門

此即原徵鹽稅嗣將引歸河東領運之十四廳州縣除甯武西路鹽捕同知裁缺外實存十三州縣

大同縣　懷仁縣　渾源州　應州

山陰縣　陽高縣　天鎮縣　廣靈縣

靈邱縣以上大同府屬　右玉縣　朔州　左雲縣

平魯縣以上朔平府屬　偏關縣　五寨縣管甯武府增設　豐鎮廳

歸化廳　薩拉齊廳　清水河廳　托克托城廳

甯遠廳　和林格爾廳　興和廳新設　五原廳新設

武川廳 新設 東勝廳 新設 陶林廳 新設

此二十七廳州縣皆蒙土兼食更無引税

以上晉北六十九廳州縣自宣統三年始運銷蒙鹽蘆鹽内按潞綱鹽引斤重由鹽政處發給印票以票代引以資查驗而重課釐

緝私關隘

河東引地袤延幾二千里東接長蘆南界川淮西鄰花馬池迤北一帶密邇土鹽蒙鹽成本之輕重不同

引地門　九

運輸之難易不同稅釐之科則又不同奸販惟利是趨乘隙抵虛越境侵售固已頭頭是道而腹內引地更屬斥鹵居多附近村民假取硝取鹻為名煎曬私鹽大為潞綱之害所有今昔堵截巡緝各關隘因時裁改茲一併列左以備參攷

山西省

鵰巢嶺沁源縣境　良馬鎮屯留縣境　虎亭驛襄垣縣境　大河口壺關縣境

東陽關黎城縣境　甘河口陵川縣境　奪火口陵川縣境　古郊口陵川縣境

鵰巢夷馬兩處爲土鹽侵灘要隘鹿亭大河東陽三處爲蘆鹽侵灘要隘原皆設有緝私專員因節省經費先後改由地方官接緝甘河奪火古郊三口亦蘆鹽侵灘要隘現設陵川縣緝私委員督勇巡緝

磧口鎮臨縣永甯州兼轄　龍王辿吉州境　三門口平陸縣境

盤南村平陸縣境　窰店平陸縣境

以上五處皆濱臨黃河磧口龍王辿乃水運各種

引地門　一

蒙鹽侵灌要隘原設磧口通判駐緝蒙私嗣因磧口上游由陜對渡之花馬池鹽小鹽化私為官改由軍磧貨厘委員援斤抽厘光緒三十三年奏准裁撤磧口通判移設口外之東勝廳宣統二年整頓山西省北鹽務案内奏明吉蘭泰鹽照嘉慶年間定章由黄河順流直下在於磧口起岸發商領運至龍王辿居磧口下游原設緝私委員於光緒三十一年改歸吉州知州兼辦今仍其舊其三門

盤菊萬店三路為沿途鄉户影射偷漏由水路走私要隘歷經派委在於三門設卡督勇分段查緝

硝池灘解州境　六小池在硝池灘西亦解州境　五姓湖臨晉永濟虞鄉三縣兼轄

蒲灘永濟縣境　雞心灘永濟朝邑兩縣兼轄　汾河灘臨汾洪洞兩縣兼轄

羊獬灘洪洞縣境

以上池灘皆向産硝鹽處所居民私煎私曬視禁令之寬嚴為進退硝池六小池同隸解州屬境派有專員查緝以解州知州為督緝解州吏目為幫

緝五姓湖蒲灘各派專員查緝雞心灘居黃河之中分隸晉陝兩省責成蒲州府督飭該府經歷永濟縣縣丞典史並陝西朝邑縣分防大慶關主簿會同查緝汾河羊獅等灘責成各該管之臨汾洪洞二縣隨時會緝

陝西省

韓郃緝私卡　兼管澄朝二縣駐郃陽縣　同耀緝私卡　兼管涇陽三原高陵三縣駐耀州

乾武緝私卡　兼管興平醴泉永壽咸陽四縣駐乾州　蒲富緝私卡　兼管大荔白水二縣駐蒲城縣

臨渭緝私卡兼管華州華陰暨藍田咸甯一帶渭河私渡駐渭南縣

韓郃同耀乾武三卡所管地段與例食花馬池鹽各州縣相接壤各派緝私一員堵截越境花私蒲富一卡專緝鹵泊灘私臨渭二華暨咸甯藍田一帶又灘私南灌必由之路渡口林立是以另設一卡派員督勇梭織巡邏

河南省

鞏蓋緝私卡駐鞏縣東站之洛河口　襄葉緝私卡兼管郏縣寶豐縣駐襄城縣

引地門

南裕緝私卡　駐裕州

以上三卡皆為堵截越境蘆私而設各派緝私一員。鞏孟委員兼緝汴梁灌入之硝私。宣統三年因減預算裁撤南裕緝私卡以資撙節。

河東鹽政紀要稿本 運銷門

河東運銷門分目

引票定額　正引加引　例定斤重毛袋滷耗

捆運　捆運方法　掣驗方法　鹽釐局卡

運本　民運民銷　官運官銷　官運民銷

疏銷　鹽局　鹽倉　行店　販戶

鹽價　市價

銷數　暢銷實銷各數目

運銷門目錄 一

河東

引票定額

正引加引

河東計引行鹽迭有加增雍正乾隆時額引四十二萬六千九百四十七道餘引二十四萬道共六十六萬六千九百四十七道是為納課納稅一百七十二廳州縣之引額乾隆五十七年鹽課攤歸地丁停止領引嘉慶十二年復歸商運仍循舊章辦理咸豐三

年改引行票次年捐免充商奏定晉陝豫三省行銷潞鹽一百一十廳州縣歲領額引五十九萬六千三百四十五道不分正餘每一百二十道為一名合為四千九百六十九名六十五引又甘肅等十四廳州縣鹽稅引三千四百九十四道合二十九名一十四引向歸吉蘭泰引地行銷因吉鹽停運引額未便無著勻入山西行鹽州縣通融代銷共成額引五十九萬九千八百三十九道合四千九百九十八名七十九引

咸豐五年添設靈寶口岸以三百名為率試辦票鹽係屬額外加增咸豐七年改領部引此河東鹽引現行歲額六十三萬五千八百三十九道合五千二百九十八名七十九引之本末也咸豐九十兩年潞鹽暢銷彼時天津需餉奉部咨飭先加鹽票三百三十名繼又酌加二百七十名旋因仍不敷銷續加活引五百名共計加票加引一千一百名同治二年停領活引五百名四年併加票六百名一律停止第河東鹽務自捐充免商後係歸官民並運課無專責銷無定地此岸滯引准融彼岸代銷名曰三省通融是以

領引時雖有某廳某州某縣而領發行銷則多寡互異向不拘定引界以銷足總額爲斷至陽曲等三十州縣鹽税引四萬二千一百五十一道當嘉慶復商之際已改由山西藩司領繳又吉蘭泰領引八萬七千五百道自嘉慶十八年始撥歸現行潞鹽引地商人認課作爲活引嗣後運捐免亦即勾入一百一十廳州縣歲額鹽引五千二百九十八名零之內所有三省引額總目分列於左

山西省四十四州縣現行額引一十九萬六千五百
三十四道合一千六百三十七名九十四引
代銷岢嵐等十三州縣鹽税引三千四百九十四
道合二十九名一十四引原係十四廳州縣除甯武府西路鹽捕同知裁併員缺外現計十三州縣
陝西省三十四廳州縣現行額引一十五萬九千八百
二十一道合一千三百三十一名一百一引
河南省三十二廳州縣現行額引二十三萬九千九

百九十道合一千九百九十九名一百十引

加增靈寶口岸引三萬六千道合三百名

統計三省正引加引六十三萬五千八百三十九道

合五千二百九十八名七十九引

例定斤重毛袋鹵耗

河東舊制每引淨鹽二百四十斤以二毛袋分盛之

謂之兩裝每裝鹽重一百二十斤袋重五斤計重一

百二十五斤每年自九月朔起至十二月底止每引加

鹵耗五斤於禁門掣鹽時加小稱錘於原稱錘之旁每裝計重一百二十七斤半嘉慶二十四年奏准晉陝引鹽每引酌加十斤免其加課咸豐二年以後河南一律照辦自是定例每裝淨鹽一百二十五斤袋重五斤共一百三十斤二裝為一引二百四十裝為一名合計淨鹽三萬斤遇加耗之月每裝加鹽二斤半每引加鹽五斤每名共加鹽六百斤是為鹵耗旋因運銷疲滯自同治二年始將加耗之小稱錘展限

三個月至次年三月底止計共七個月以顧冬春兩
運至今因之

捆運

捆運方法

河東引鹽當出場時均以毛袋盛之載以騾車晉鹽
運至安邑南關運城西關解州東關卸店歸倉仍僱
用車腳換袋分運陝鹽運至運城西關間有卸在解
州城內者改用硬裝用車分運夾馬下馬兩口岸或

水或陸亦以硬裝起運硬裝互有輕重悉以裝滿築
之原裝抵岸然按堅為度用繩縫口不似晉豫
斤台引仍數原數豫鹽則運至安邑南關運城東關
卸店歸倉距茅津百里之遙山路崎嶇全恃馬匹騾
頭及人力推挽之小車絡繹運送換裝而不錯引其
由茅津渡河從坐待南來散販或用小馬車捆載或
用鐵輪牛車散載皆按引數核計河南向用九五稱
照數申算每裝運袋有一百四十斤之說總之河東
引鹽無論原裝硬裝水運陸運統按每引二百五十

運銷門　五

斤每名一百二十引出場非若別綱之有大包小包大引小引也

掣驗方法

自嘉慶十二年復商後添設河東鹽法監掣同知監同三場大使掣放引鹽相沿至今每遇運鹽時無論官民先向坐商配鹽贖取鹽帖並赴鹽道衙門領引納課課銀上庫後各將配定坐商鹽料場分鋪分並引名號數卸載店口具狀報場由場呈送鹽道及監掣

同知衙門批示准掣一面再赴鹽道衙門每鹽一名請領撫院門票一張鹽道印票一張印票係兩聯前一聯為坐票後一聯為監票中蓋鹽道騎縫印名曰坐監票各票領齊定期放鹽之先一日該管場員將排定掣放引名繕摺分報鹽道及監掣同知查考名曰豫報其豫報之數東場每日不得過三十六名計四百三十二車中場不得過二十九名計三百四十八車西場不得過十名計計一百二十車該報鹽之家於排定掣鹽之日各將買定鹽帖每

名十二張交由該場車頭轉給散車戶收執並覩持引
票前赴場門除門票自行投場驗繳外每車一輛另
給該車戶引十道坐監票一張車戶携至配鹽斛臺
眼同起鹽二十裝鹽帖繳還坐商並將坐票截付坐
商收繳鹽車到門報驗場員抽裝過稱斤重符合即
在引目上摃用驗訖監票上蓋戳驗放原引仍交付
車戶持赴店口照引卸鹽各該管場員於當日傍晚
時將所製鹽名繕摺連同坐監各票呈送鹽道衙門

查銷過有雨雪阻滯時須將未掣之鹽於摺內逐細聲明歸入下屆補放名曰宿鹽此場門掣鹽之方法也至分運各岸每引一道按所繳之票換給道印連環小票一張始於乾隆四十二年所以代引行鹽山西本省引鹽由安邑典史驗放經過聞喜縣屬之小郭店曲沃縣屬之臨口鎮統歸臨口委員批驗繳票陝西引鹽經過臨晉縣屬之夾馬口永濟縣屬之下馬口由各該口岸委員驗放統歸駐紮陝西華陰縣

境之三河口委員批驗繳票河南豐靈寶引鹽經過平陸縣屬之茅津渡由平陸縣丞驗放驛駐紮河南陝州境之會興鎮鹽經歷及督銷委員批驗繳票其三岸殘引亦即各歸各批驗截角解道由道鑿孔彙總解部查銷此又晉陝豫三岸驗鹽之方法也

鹽釐局卡

潞綱自陽曲等處鹽稅引劃歸藩司請領徵解以後別無鹽稅名目至潞鹽抽釐當軍興之際僅陝岸有

之每百斤抽銀四分先由陝省設卡稽徵旋歸河東道庫隨課徵解光緒二十八年因攤解賠款普加鹽價奏准灰岸鹽釐併晉省新定加價每斤二文以內暫歸晉用而此鹽釐遂停至陝豫兩岸加價一在華陰縣之三河口一在陝州屬之會興鎮各由該省設局分別徵收晉岸加價則隨課完納並未設卡他如蒙鹽入晉在於包頭河曲等處設卡抽釐並由天橋羅峪馬家塔子等厘卡稽查偷漏又蘆鹽入晉責成

運銷門

平盈貨盤厘委員兼收鹽厘花小等鹽入晉責成畢績

貨厘委員兼收鹽厘不在潞綱引地之內統歸山西

藩司主管現在鹽政處奏定整頓山西北路鹽務試

辦招商認岸原有厘捐於經過地方暫照舊章抽收

一俟引岸成立再行規定辦則裁免厘捐通行知照

在案

運本

河東自免商以後陝豫兩岸由民販自籌資本封課

運鹽晉岸官運官銷間有藩庫或地方生息公款發交營運或領或繳與運本無涉光緒二十年規復潞綱懸岸陝西十九州縣河南六縣試辦督銷奏明在於河東道庫糶款內撥發運本銀六萬兩嗣經改辦官運光緒二十七年推廣及於晉省滯銷之十三州縣先後續領運本銀六萬三千兩共領運本銀十二萬三千兩皆由道庫糶款項下奏撥宣統二年鹽政處籌擬整頓山西北路鹽務奏明在於部庫湊墊收鹽

運銷門

成本銀十萬兩並由該總局隨時與山西藩庫河東道庫籌商借撥輾轉周轉以資應用至運鹽成本官運民販無稍差異悉視課項之輕重池鹽之貴賤道途之遠近運腳之難易銀價之高低為轉移考霍潞綱三岸現情除房火辛工月息不計外至近之鹽每名需銀四百餘兩每斤約合成本錢二十餘文至遠之鹽每名需銀七八百兩每斤約合成本錢四十餘文此就商人由場買鹽運至各省總匯之區言之若

再經販戶展轉銷售則有增至一倍以上者

疏銷

潞鹽在國初時原係商運商銷康熙乾隆年間鹽池連遭水浸商人紛紛求退百計招換興敗無常其中長商短商幾於無歲不更無商不困故有乾隆五十七年課歸地丁鹽聽民販之舉嗣因蘆淮各綱同受潞鹽侵灌之害嘉慶十二年仍舊復商二十四年以豫省引鹽

成本用項尤為繁重改為商運民銷迨後商力積疲人人視為畏途招商變為籤商是以咸豐四年運商孫慶餘等一百餘家捐輸軍餉銀三百萬兩奉部頒發永免籤商執照此河東鹽務獨無商運之原委也自運商捐免後山西陝西兩省改為官運官銷河南改為官運民銷辦理未及一年陝因運本不敷請改課歸地丁河南亦因官本未裕請改官民並運陝西復因課歸地丁諸多窒礙仿照河南辦法改歸官民

並運由是大局遂定然究其實際運官所領之引仍歸民販運銷留官運之名以防民販之裹足不前猶可藉以督責也至山西本省運官運自銷定制由各該州縣自行招募殷實運夥代為領辦歷時既久百弊叢生運夥倚官為護符官資運夥為囊橐病民病課比比皆然以故光緒二十七年續經奏明山西引鹽按照陝西河南一律官民並運比又河東鹽務三省畫一統歸官民並運之原委也惟是原定辦法派領

運銷門　十二

運銷門　十一

額引民販居其二官運居其一民販聽便運銷有利則趨無利則避如陝之渭北十九州縣豫之襄葉等六縣晉之蒲解兩屬暨絳州屬之聞喜霍州屬之靈石計十三州縣統計三十八州縣或為民販所不到或竟官私之不分光緒二十年試辦督銷先由陝豫入手二十二年改督銷為官運二十七年推廣及於晉岸宣統二年鹽政處奏准山西省北之六十九廳州縣試辦招商認岸官運商銷太汾試銷之潞鹽仍循

其舊現在河東鹽務就全局論還屬官民並運就銷岸論則有民運民銷官運官銷官運民銷官運商銷之引除官運商銷山西省北之六十九廳州縣已於引地門内分列外所有領引行鹽之一百一十廳州縣分晰開列如左

民運民銷七十二廳州縣

晉岸

臨汾縣　洪洞縣　岳陽縣　曲沃縣　翼城縣　浮山縣
太平縣　襄陵縣　鄉寧縣　吉州　霍州　趙城縣
汾西縣　蒲縣　長治縣　長子縣　屯留縣　襄垣縣
潞城縣　壺關縣　黎城縣　鳳臺縣　高平縣　陵川縣
沁水縣　陽城縣　絳州　河津縣　稷山縣　絳縣
垣曲縣

以上三十一州縣皆民販包辦每年共認引一千名仿照長蘆章程計課不計鹽銷不足數按引包繳課項名曰包販

陝岸

咸寧縣　長安縣　渭南縣　臨潼縣　盩厔縣　藍田縣
鄠縣　商州　鎮安縣　雒南縣　山陽縣　商南縣
華州　華陰縣　潼關廳

以上十五廳州縣均聽晉陝民人分運行銷

豫岸

陝州　靈寶縣　閿鄉縣　盧氏縣　洛陽縣　偃師縣
宜陽縣　登封縣　永寧縣　澠池縣　新安縣　嵩縣
南陽縣　鎮平縣　唐縣　桐柏縣　鄧州　新野縣
淅川縣　泌陽縣　裕州　南召縣　內鄉縣　汝州

魯山縣　伊陽縣

以上二十六廳州縣均聽晉豫民人分運行銷

官運官銷十六縣

晉岸　安邑縣　平陸縣
靈石縣

陝岸　大荔縣　朝邑縣　郃陽縣　澄城縣
韓城縣　白水縣　蒲城縣

豫岸　孟津縣　鞏縣　襄城縣
葉縣　郟縣　寶豐縣

以上皆官運局自售

官運民銷二十二州縣、

運銷門　十三

晉岸　解州　芮城縣　夏縣　永濟縣　臨晉縣　虞鄉縣
　　　滎河縣　萬泉縣　猗氏縣　聞喜縣

陝岸　涇陽縣　三原縣　醴泉縣　高陵縣　興平縣　咸陽縣
　　　乾州　武功縣　永壽縣　富平縣　同官縣　耀州

以上皆包販向官運局領售

鹽局

潞鹽官民並運向無局所光緒二十年創辦陝豫督銷始設有督銷局二十二年裁撤督銷局改為河東官運局歸河東鹽道管理監掣同知為提調凡領引納課運鹽銷鹽以及經理收支向皆選用各項商人

近亦間用委員然皆名之曰司事支辛金而不支薪水官運總局即設於運城運城西關解州安邑霍州茅津渡平陸縣屬暨陝之咸陽雨金屯高陵縣屬豫之汝州韓城鎮宜陽縣屬等九處各設轉運局前列晉陝豫三岸官運官銷之十六縣各設分銷局此河東官運局之大畧也至山西北路之鹽務總局於宣統二年奏明設立遴派熟悉鹽務道員爲總辦現已在太原省城開辦所有各路運局倶商岸招定分別設立此外河東

坐商自行組織之產鹽公所暨舊有保和公局晉岸包販之公裕會館陝豫民販之裕濟公局豫豐公局則皆商販籌設與商會性質無異

鹽倉

潞鹽僅出場後分卸各店歸倉運晉岸者鹽倉設於安邑南關運城西關解州東關運陝西者鹽倉設於運城西關解州城內運河南者鹽倉設於南邑南關運城東關及至分途起運多皆原裝原卸以期便於

點驗曩時河南引鹽發至茅津渡每有袋不敷用數
存窰內者故不曰鹽店而曰鹽窰近因虧耗過
多原裝起卸
者賣居多數至運城安邑解州各鹽倉口數每店多
寡不等亦時有增減

行店

潞鹽行店專司過載收發而不經手買賣最近調查
之數運城東關二家西關五家安邑九家解州三家
各口岸發運者夾馬口五家下馬口四家茅津渡九
家各該店所得行用每鹽一名需銀二三四兩不等

運鋪户　　十五

惟開閉無定至近年則有減無增

販户

潞綱販户來去無常陝岸約四五十家豫岸約五六十家是就納課運鹽者而言其接買分銷或一二名或三四名俗曰房鹽販户尤多若運至口岸則騾馱車載或肩挑負販更指不勝屈至山西本省暨官運民銷地面雖有包販名目然攷其實際或數販夥包一縣或一販兼包數縣其出名認辦者多係管理號

事之人不過稍有責成限期納課運鹽遲則另招更换或由官運局自行接辦

鹽價

市價

潞鹽官民並運當免商時即經奏明鹽價不必限制故有市價而無例價隨時漲落皆視成本之輕重銷路之暢滞以為衡近年鹽價迭加百物騰貴潞鹽各岸市價最近者每斤不過二十餘文遠者則五六十文

道銷門　十六

最遠者如陝西之南山有至一百餘文者

銷數

配銷實銷各數目

潞鹽官民並運奏定原案係不分引地隨處散銷官無督緝考成民則蘇便買食當定章之始適值東南不靖蘆淮引地借食潞鹽實銷溢於配銷於是加引加課一時稱盛迨後軍務大定蘆淮復舊潞綱引額遂不免配浮於銷是以光緒二年辦理乙亥綱奏銷

即有賸引八百餘名分年帶銷之請繼以丁丑大旱
潞鹽引地同被災祲烟戶凋殘銷數大減自此以後
每屆奏限輒援案請展賸存之引仍分年帶銷率四
年銷三綱之鹽即三年積一綱之引相沿二十餘載
至光緒二十六年始停止展限而歷年賸引仍不能銷
宣統二年冬辦理甲辰綱奏銷引課未完尚在一千
九百餘名積壓六綱有餘而已配未掣已掣未運已
運未銷之鹽合三岸計之又一綱不止近今數載三

岸配銷之數暨實銷之數約皆九成之譜茲分列
於左

宣統元年　晉岸配銷一千三百四十一名
　　　　　　　實銷一千二百七十名五十引
　　　　　陝岸配銷一千八百六十三名
　　　　　　　實銷一千八百八十五名
　　　　　豫岸配銷一千八百三十七名一百一十引
　　　　　　　實銷一千八百二十一名八十三引
　　　　三岸共配銷五千四十一名一百一十引
　　　　　　　實銷四千九百七十七名一十三引

宣統二年　晉岸配銷一千一百八十二名五十八引
　　　　　　　實銷一千一百四十六名五十六引
　　　　　陝岸配銷二千一十名
　　　　　　　實銷一千九百三名

豫岸配銷一千七百五十名一百一十引
實銷一千五百三名六十九引

三岸共配銷四千九百四十三名四十八引
實銷四千五百五十三名五引

以上配銷鹽數係按三場大使掣放鹽池數目核計

實銷鹽數晉岸係據各州縣暨官運局月報銷數核計陝豫係據三河口委員會興鎮經歷月報批驗過渡鹽數核計

運銷門　十八

運銷門　十八

河東鹽政紀要稿本 徵榷門

河東徵榷門分目

- 商課
  - 正課
  - 雜課
- 杭釐
  - 鹽稅
  - 畦稅
  - 鹽釐
- 加價
  - 隨課加價
  - 鐵路加價
- 商捐
  - 鹽引公費
  - 鹽池歲修
  - 銷價
  - 三省行帖
  - 池腳僱公
  - 保甬牆工經費
  - 團練經費
  - 弼敵經費
- 課捐加價等項科則表附
- 生息
  - 中學堂生息
  - 高等小學堂生息
  - 育嬰堂生息
  - 留養局生息
  - 積穀生息
  - 堰戶工食生息

目錄 一

目錄

河東

商課

正課雜課

明初鹽法令商人輸粟於邊而中鹽於場謂之開中其後練餉興而關中廢向之輸粟者遂轉而輸銀此解池鹽課銀所由來也我

朝順治初元裁汰明季浮課歲定正課一十三萬一千餘兩每引合銀三錢二分後漸加徵雜課乾隆五十年正

徭役門　一

攤併計共增至五十一萬八千餘兩鹽稅尚不在內商力不支乾隆五十七年乃將正雜引課運同引稅減為五十一萬三千餘兩攤入晋陝豫三省一百七十二廳州縣地丁之內停止領引謂之課歸地丁此河東鹽務因課額過重第一次量減之大畧也課歸地丁以後食鹽聽民煎晒引岸無所區分潞鹽東侵蘆而南侵淮而西北之蒙鹽土鹽又乘其後而侵入潞岸鹽法紊亂官私混淆因有嘉慶十一年收回

商運之

諭旨初定課額四十八萬餘兩未幾增收河工經費公費平餘課務官錢等項道光二十九年海增至六十六萬五千餘兩運商復困乃變招商為籤商官吏因緣為姦富者無不傾家敗產咸豐三年商人合力捐資報效軍餉銀灌一律退辦奉部頒發永免籤商執照謂之捐免充商於是三省引地或改官運或改官民並運課額定為五十二萬四千餘兩此河東鹽務因

課額過重第二次量減之大畧也捐免充商之後官可運民亦可運畧與唐時就場徵稅之法相同而潞鹽遂無商矣其時中原多事淮蘆各鹽不能到岸潞鹽乃暢銷於豫楚各境額引少而銷數多乃外加靈寶引三百名至咸豐五年計共徵銀五十五萬六千餘兩後又更番加票至一千一百名並有續增羨餘三等加費繼以籌補羨餘同治元年奏銷統計徵銀一百一萬三千餘兩號稱極盛未幾軍務底定淮蘆

各塩漸復其舊潞綱遂有停引減課之請重以光緒三年三省引地同被大祲銷數約衹六成奏銷迭請展緩光緒六年經部議准將續加之引續增之費一律裁免仍復咸豐五年正雜課五十五萬六千餘兩之舊此河東塩務因課額過重第三次量減之大畧也自官民並運以來官居其一而民居其二久之則凡所謂民運者又皆世業相承與塩商無以大異但利則來不利則去耳說者謂潞塩之盛衰在成本之

輕重銷路之暢滯不在乎就場徵稅與否天下事不可一概而論大抵然矣由光緒元年迄今三十餘年陝引積壓六綱詳見緝銷門銷數分類正雜課銀欠徵三百餘萬兩而按引徵銀則課項之外另有攤捐攤捐之外又有加價通盤核計潞鹽銷於晉省者每引合銀二兩二錢三分三厘三毫三絲零銷於陝省者每引合銀一兩六錢九分五厘八毫三絲零銷於豫省者每引合銀一兩四錢九分五厘八毫三絲零每綱共應

徵銀一百一十三萬餘兩多於正雜各課不止一倍此摘河東道庫應徵之數而陝豫兩省另收之新舊加價豫晉鹽鐵路加價尚不與焉今除加價另作一款開列外所有正課雜課及隨課徵收報撥各款分列如左

一正課每引一名徵銀五十兩每綱三省額引四千捌百捌十八名七十九引應徵銀二十四萬九千九百三十二兩九錢一分七厘零實加引三百名

徵榷門　四

復村户　四

應徵銀一萬五千兩共應徵銀二十六萬四千九百三十二兩九錢一分七釐每引合銀四錢一分六釐六毫六絲零五省正課於咸豐四年奏定鹽正課於咸豐五年議加歷奉指撥京協各餉

一雜課每引一名徵銀五十五兩每綱三省額引四千九百九十八名七十九引應徵銀二十七萬四千九百二十六兩二錢八釐實鹽加引三百名應徵銀一萬六千五百兩共應徵銀二十九萬一千四百二十六兩二錢八釐每引每銀四錢五分八釐三毫三絲零三省雜課於咸豐

四年奏定靈寶雜課於咸豐五年議加除歷奉指撥甘餉外三省雜課內每綱例准動支壇廟祭品京部飯食各官紙硃養廉書役廉工領引解餉盤費解費等銀共壹萬六千八百餘兩惟此宗支款內有應扣收之項一為六分減平歲約一千餘兩一為各項減成歲約一千五六百兩一為監掣同知養廉一成一百二十兩一為空曠空缺歲約二三百兩一為各項節省歲約五千餘兩一為存留甯夏涼莊將軍都統養廉並鞘木等銀四千一十二兩零以上六項共銀一萬二千餘兩皆出自支款之內實非鹽引直接之收款因歷歸造報故附註於此以備查考而免重收

一海防經費每引一名徵銀十兩每綱三省額引並靈寶加引共五千二百九十八名七十九引應徵

銀五萬二千九百八十六兩五錢八分四釐每引合銀八分三釐三毫三絲零光緒十一年遵奉部飭仿照兩淮攤捐章程定為常捐隨課上庫名曰海防經費歷奉指撥內務府經費

一晉陝另籌加價每引一名徵銀二十四兩豫引不徵此款每綱晉陝兩省額引二千九百九十八名八十九引應徵銀七萬一千九百六十九兩八錢每引合銀二錢光緒二十一年奉部咨飭按斤加價以佐軍需除行豫潞鹽已由豫省設局抽收外晉陝商販因鹽價昂貴有礙行銷請自二十二年五月始每鹽一名隨課另捐此款免予加價名曰晉陝另籌加價經

部覆准懋奉指撥繳
法英德國國洋款

一按引攤捐每引一名徵銀六錢每綱三省額引並
靈寶加引共五千二百九十八名七十九引應徵
銀三千一百七十九兩一錢九分五厘每引合銀五厘光緒
二十五年遵奉部飭勸諭鹽商按年捐輸一次自
二十六年五月起隨課徵收名曰按引攤捐懋奉
指撥克
薩鎊款

一償款攤捐每引一名徵銀二兩四錢每綱三省額
引並靈寶加引共五千二百九十八名七十九引

應徵銀一萬二千七百一十六兩七錢八分每引合銀二分光緒二十七年奉部咨飭籌認償款河東鹽商一律遵辦自是年九月開辦丙申綱起隨課捐交名曰償款攤捐歷奉指撥新定大案洋款

以上六宗每綱額徵銀六十九萬七千二百一十一兩四錢八分四釐晉陝兩省每引合銀一兩一錢八分三釐三毫三絲零豫省每引合銀九錢八分三釐三毫三絲零

稅釐

鹽稅

河東鹽稅有二一為陝西鳳興邠三府州所屬十九廳州縣歲額鹽稅銀九千九百三十四兩零舊由各府州督催徵收仍解河東道庫作正開報一為山西太原汾州甯武三府平定保德忻代遼沁六州及隰州併所屬之大甯永和二縣共四十四州縣歲額鹽稅銀一萬九千二百九十四兩零舊由甘肅甯夏道徵收比沿行銷吉蘭泰鹽時舊制辦理轉解山西藩庫作正開報咸豐四年免商案內將陝西額徵之鹽稅改為逕解陝西

徵榷門 七

藩庫毋庸再解河東而山西鹽稅則因岢嵐等十四州縣内有甯武西路鹽捕同知改為河東鹽法監掣同知引額歸併甯武縣是以今為十三州縣鹽引從前劃歸河東商人代為領運納課已將原有鹽稅銀一千四百三十五兩零照數剔除不計外其餘陽曲等三十州縣歲額鹽稅銀一萬七千八百五十八兩零同於免商案内改由各該地方官隨同地丁徵收逕解山西藩庫交納不再遠交甘肅甯夏自此河東道庫遂無鹽稅矣

畦稅

河東之有畦稅乃不動產登記稅始自嘉慶十二年
復商案內奏准池商典置畦地池畦全係官産非商
人所得買賣而開井
築塍以及建造廬厦則各出己資故以更換商名每
不曰賣畦而曰典畦亦有名為歸併畦業者
價一兩納稅三分由河東道核明印契無庸粘貼藩
司契尾仍造冊專案報部此年有年無之款歷歸內
銷凡報部動支者謂之內銷

鹽釐

徵榷門

徵榷門　八

潞綱本無鹽釐咸豐年間秦隴用兵抽釐助餉始有陝西鹽釐名目今已停止詳見運銷門釐稅局卡分類此外蘆蒙花小等鹽越銷晉境各有釐則不在潞鹽引地之内是以人以徵收支解向歸山西藩司衙門主管惟單積鹽釐項下係單積貨釐委員抽收由陝渡晉之花馬池鹽及小鹽釐金每年撥濟河東鹽捕營薪餉銀萬餘兩係光緒三十二年詳准歷經照撥收入道庫外銷鹽捕營專管項下

加價

隨課加價

潞綱鹽斤先後加價各岸互異多寡之數約分三等豫岸最早亦最多陝岸次之晉岸又次之豫岸始於光緒二十一年因籌補餉需每斤加價四文二十七年減去一文另增賠款加價四文共成七文陝岸始於光緒二十四年每斤加價二文旋經部議減去一文二十六年另收賠款加價四文共成五文此皆晉岸所無由各該省設局派員在於入境口岸抽收自

行遣報晉岸則自光緒二十八年經部行令援照淮鹽行鄂成案合晉陝豫三省鹽引一併按斤加價二文每名三萬斤計錢六十千折收銀四十兩自是年九月開辦丁丑綱起隨課上庫專備晉省攤解賠款之用名曰公約賠款加價此爲河東道庫徵收加價之始光緒三十四年經部奏定無論何省每鹽一斤普通加價四文以一半解部抵補練兵經費以一半劃歸産鹽省分勻撥濟用除陝豫兩岸之一半

解部二文暨銷鹽省分一文由各該省自行抽收分解外其隨課呈交道庫之普通加價一文為晉引解部二文名曰晉引解部普通加價一為晉引產銷二文名曰晉引解司產銷加價均自是年八月朔起徵一為陝豫兩省分解晉省應得之產鹽省分一文先由陝豫代收自是年十月起經部議劃歸道庫隨課徵收名曰陝豫撥回產鹽加價此三項者道庫徵收之數每文每名計錢三十千折收銀二十一兩五錢是

政榷門 十

徵榷門　十

又河東道庫徵收之新案加價也茲依次列左並將陝豫兩省自行抽收之潞鹽加價辦法附記於末以備查考

一公約賠款加價每引一名隨課徵銀四十兩每綱三省額引並靈寶加引共五千二百九十八名七十九引應徵銀二十一萬一千九百四十六兩三錢三分三釐每鹽一斤加價二文按每名三萬斤乘之計錢六十千照時估一千五百文折銀一兩每名核收銀四十兩歸入撥冊報部按月匯滬歸還大案賠款

一晉引解部普通加價每引一名隨課徵銀四十三兩每綱晉引一千六百六十六名一百八引應徵銀七萬一千六百七十六兩七錢每鹽一斤普通加價四文按每名三萬斤乘之計錢一百二十千照時估一千四百文折銀一兩襍零歸整每名核收銀八十六兩內以一半按季解部一半按季解司均報部入撥惟晉引歷久壅滯全仗陝岸代銷每年二三百名不等鹽既融銷陝岸則普通加價亦即按照陝引祇能在於道庫徵收一文產鹽加價銀二十一兩五錢其解部二文暨銷鹽省分一文一併改由陝省收解以故歷年收數彼多此寡互有參差

一晉引解司產銷加價每引一名隨課徵銀四十三

徵榷門　　十一

兩每綱晉引一千六百六十六名一百八引應徵
銀七萬一千六百七十六兩七錢詳見前註
一陝豫撥回產鹽加價每引一名隨課徵銀二十一
兩五錢每綱陝豫引三千六百三十一名九十一
引應徵銀七萬八千八十二兩八錢四釐此普通加價四
文內半中之半亦歸撥冊造報同晉引
產價一併解交山西藩庫兌收轉報
以上四宗每綱額徵銀四十三萬三千三百七十二
兩五錢三分七釐晉引加價每引合銀一兩五分陝豫加價每引合銀五錢一分
二釐五毫

再陝豫兩岸派員自行抽收潞鹽加價或收銀或收錢辦法各殊如陝岸則以錢合銀光緒二十四年所加之一文係按一千五百文作銀一兩每名折收銀二十兩二十七年所加之賠款四文及三十四年所加之普通解部二文銷鹽省分一文共七文均按一千二百文作銀一兩每鹽一名折收銀一百七十五兩新舊併計每名共收銀一百九十五兩（加平火耗均在外）至豫岸新舊加價十文則全收制錢民販之鹽統就

攷榷門　十二

入境之會興鎮口岸抽收光緒二十一年開辦時豫省銀價以會興鎮為最低因加價專收高錢且格外挑剔以致運鹽散販每有交銀一兩抵錢千文者而由局上解則每銀一兩以一千三百九十文作為定價除大工解費外頗有餘羨迨自銅元發行後各路制錢壅積會鎮民販完納加價亦盡繳錢而不繳銀於是銀價日昂局委收錢解銀繳特無所盈餘兼不免於賠貼故於宣統元年豫省有改為活價隨時長落之請經部核議照原定銀價每兩加錢四十文按一千四百三十文核解宣統二年又一再陳請始准按時價核解官運局之鹽由鞏孟襄葉郟寶六縣鄉官各照實銷鹽數收解就現時　銀價計十算民販官運所繳新舊加價均每名需銀二百二三十兩外有洛潼

鐵路加價每名折收銀六十兩案由另詳於後統計陝豫兩省另收之加價每年約在九十萬兩左右歸各該省藩司收支造報

鐵路加價

潞鹽抽收鐵路加價豫之洛潼晉之同蒲皆由各該鉄路公司呈請奏洛奏准照辦洛潼加價起自光緒三十四年初議每斤加四文嗣經礦商減為二文按一千五百文折銀一兩仍由原收各岸加價印委代辦每鹽一名另收銀六十兩運解河南洛潼鉄路公司

備用又同請加價起自宣統元年初議按斤加二文由各該地方官經收旋因統一為難且不免弊混改由商人包繳每年以三萬兩為準內晉省三十一州縣包販（包販詳運銷門疏銷分類）認繳八成銀二萬六千六百六十六兩六錢六分六釐六毫（包販認課一千名每名隨課納銀二十六兩六錢六分六釐六毫六絲）官運十三州縣除解州芮城安邑平陸四州縣鹽銷豫岸不計外下餘九縣認繳二成銀三千三百三十三兩三錢三分三釐四毫按年繳齊由河

東清鐵路同蒲鐵路公司備用因係原收原解不入報撥至陝省西潼鐵路鹽斤加價二文於光緒三十二年試辦旋因病商病課奏明停止

商捐

鹽引公費

潞鹽行銷三省管鹽各衙門皆有辦公經費當商運之際均取給於應攤商人辦公設有商應款由商應攤派故名應攤自咸豐四年運商捐免應攤停止是以奏定每鹽一斤運販

納銀四釐合計每引二百五十斤納銀一兩內以八錢七分五釐勻作正課雜課詳見前載正課雜課分額下餘一錢二分五釐作為辦公經費此每名一百二十引納有鹽引公費銀一十五兩之由來也至每年開支以各官公費為大宗內委員弁薪糧書役加賞飯食諸雜代賦津貼近年減裁節省如洋款匯水提備餉需皆出於此向歸外銷每綱額收銀七萬九千四百七十九兩八錢七分五釐此款內開支各官公費有按年提存二項一為提備餉需銀

一萬四百六十一兩係光緒十一年湖南巡撫龐際雲疏請將鹽務緝私經費全數充餉奉
旨各省鹽務如有似此公費酌量情形奏明辦理當經山西巡撫奎斌奏定將鹽院七成公費五千六百兩鹽道公費二千兩解州知州公費五百三十九兩安邑縣知縣公費八百八十二兩永濟縣知縣公費六百兩河南河陝汝道七成公費八百四十兩一併作為報効號款列收奏撥餉項　一為加復俸餉銀一千兩係光緒十三年奉文將河東應解鑾廉之京員津貼改為加復俸餉二十六年奉部咨飭改解大案賠款右款收支以上二項皆支款內之收款並非隨同引課耳核徵收因歷歸造報作為收入故附註於此以備查攷兩免重收

鹽池歲修

後格尸

十五

解池形同釜底因有護池渠堰以防水患見於雍正年間奏案者東西南三面共二十二堰乾隆年間尚存十有七今祇十有五矣在池東者六曰東禁堰黑龍堰雷鳴堰白家堰李綽堰白沙堰在池西者四曰硝池堰七郎堰卓刀堰長樂堰在池西南者五曰桑園堰常平堰龍王堰賀家灣堰趙家灣堰皆所以禦水者也至導水西流則有池北之姚暹渠此渠爲隋大業間都水監姚暹所開因以名渠渠流自夏縣境

王峪口史家峪發源匯趨而東而北又合巫咸谷水
折而西流解池正當其衝用是洩之以渠面寬二丈
四尺底寬二丈深一丈二三尺不等起自夏縣城西
之五里橋歷安邑解州以迄虞鄉縣境之干樊橋入
五姓湖計長二萬三千七百七丈八尺合一百三十
一里有奇以上各處向例堰損渠淤定限輪修遇有
險工仍借紳捐護由坐運各商攤捐歸補自咸豐兌
商後併歲經費專歸坐商分等完納計頭等七十一

號每號歲納銀四十二兩二錢九分二等三十六號
每號歲納銀二十四兩三等五十九號每號歲納銀
一十二兩四等一百七十六號每號歲納銀四兩六
錢五等七十八號每號歲納銀一兩七錢不列等者
不納名曰鹽池歲修專備修補渠堰工程之用近因
坐商疲困每年收數約祇五成左右向歸外銷就原
案考之每年額收銀五千五百一十六兩七錢九分

銷價

銷價本坐商所得

國初定制坐商種鹽領引運商借引銷鹽是以運商納課時每錠須備銷價銀二十四兩課錠詳場竈門產數分類交納道庫轉發坐商承領俾資湊竈工本乾隆五十七年課歸地丁民販計值買鹽停止領引遂無銷價嘉慶復商後改為運商領引且畦多荒廢將原定銷價減三留七發場修治畦地迨後修畦工竣仍照七成之數發給坐商咸豐二年改引行票案內奏明坐商賣

鹽既得鹽價復得銷價或將錠名私相轉典徒使運
商暫無名之費應將銷價一項改為每錠祇給銀六
兩未幾運商捐免鹽歸官民並運復將三場額畦二
千七百八十八錠半應有銷價銀一萬六千七百三
十一兩勻入三省額引四千九百九十八名七十九
引之內每引一名攤銀三兩三錢四分六釐運販隨
課兼交坐商年終請領咸豐五年議加之靈寶引三百名不收此項迫後
鹽務疲滯收不足額自光緒八年起又改為按半給

發存廣一平撥湘書院膏火今改河東各學堂經費
向歸外銷每年額收銀一萬六千七百二十五兩五
錢一分

並省打帖

打帖名目昉自咸豐五年官民並運之初豫省引鹽
以會興鎮爲總運口岸凡豫備渡鹽船隻僱用水手
以及地方文武各衙門緝私經費書巡飯食皆所必需定
爲豫販每渡鹽一名捐銀七兩六錢渡鹽寶引鹽一

名捐銀九兩一錢二分填給憑帖一張名曰打帖收支稽核皆會興鎮督銷委員經理咸豐六年陝省引鹽亦改官民並運援照河南成案在於入境之三河口就驗鹽局每名收捐銀八兩辦法與豫岸無異光緒十年清查庫款案內將陝豫打帖一併改歸庫收二十七年晉省引鹽統歸官民並運打帖一項亦即照陝徵收此之謂三省打帖又名三打帖凡三岸印委之緝私薪費勇役船户之饟乾工食以及修造船

優開綱奏銷等用均取給於此其晉豫滯引通融陝
岸代銷者每名加收打帖銀六錢六分名曰通融加
收惟年有年無並無定額是以併入三省打帖款內
向歸外銷照三省引額計之每綱額收打帖銀四萬
一千九百二十五兩三錢

池腳備公

河東鹽道兼管地方行政事宜如派員出差給發川
資衙署工程振捐善舉與夫香火祭品津貼卹賞等

類皆為不時之需是以咸豐四年定章運販報舉池鹽時於應給車戶腳價內每引一名東西兩場酌提銀二兩二錢中場酌提銀二兩一錢由各該場員經收解道名曰池腳備公光緒十年改由庫收向歸外銷每綱約收銀一萬一千兩

保用

發鹽向有保頭為經理催腳稽察路欠而設定有保頭腳用河東道庫之徵收保用始於咸豐八年係由運

販應給保頭之腳用內每鹽一名晉陝扣銀四錢豫靈扣銀七錢三分三釐隨課交納仍發安邑縣領回備辦解鹽出差車輛馬匹及鹽道履任辦差填衙之用填衙即置備衙署應用一切器具嗣因安邑縣藉口賠累改由道署自辦實用實報向歸外銷每綱額收銀二千八百八十五兩三錢三分九釐

牆工經費

解池之有禁牆始於明成化間為防範走私而設高

一丈六尺基厚六尺頂厚二尺周圍一萬七千四百二十二丈禁牆之外有馬道馬道之外有隍塹隍塹停潦仍引入池内以資澆曬因之禁牆之下砌有水眼西南北三面水眼一十有九東面逼近東郭灘客水西趨勢若建瓴故馬道專用石砌且加高培厚長一千六百餘丈而獨無水眼我

朝雍正年間禁牆工程與渠堰工程相間輪修乾隆二年改為隨時修理惟近池土性鬆鹻坍陷披累不時

恒有同治十二年大修禁牆定為每盐一名坐運公捐銀二兩名曰牆工經費凡城垣廟宇零星修補亦即就款動用故又名曰商捐工程光緒十一年體恤商艱量減三成每名祇收一兩四錢仍坐運各半近年撙節動用歷有餘存是以光緒二十六七等年以之湊撥充蘆鎊款而宣統元年又有提發學堂息本之款向歸外銷每綱額收銀七千四百一十八兩一錢二分二釐

團練經費

河東自光緒三年大祲後人民稀少凡赴池二作以及輿臺走卒半係遊民其中良莠不齊彈壓巡防計不容緩因有辦理團練之舉先則騰挪濟用並無專款繼因清釐款目遂自光緒十一年起定為每鹽一名坐商捐銀四錢運販捐銀一兩二錢共銀一兩六錢隨課上庫名曰團練經費專備運安鹽營練兵薪糧之用迨後緣營裁汰河東一帶更覺空虛光緒三

十一年平陸縣屬之茅津渡有會匪勾結煽署戕官之案雖經登時撲滅而毗連豫境伏莽堪虞三十二年添練鹽捕營五百人無事兼任緝私有事專供戰應分駐蒲解一帶以輔運安鹽營之不及所需餉項僅恃省撥軍磧鹽釐一項不敷甚鉅爰自宣統元年始加收運販團練經費銀二兩每名共收銀三兩六錢以資應用統歸外銷每綱額收銀一萬九千七十五兩一錢七分

粥廠經費

運城土客雜居每屆嚴冬啼饑號寒所在多有是以設有粥廠係自同治五年始每年十一月朔開辦次年正月底停止所需經費原定每塩一名隨課收銀三錢坐運各半光緒十一年裁免運販銀一錢五分坐商仍舊近年積穀生息暨留養局生息併入此款收支何歸外銷每綱額收銀七百九十四兩七錢九分九釐

以上九宗每綱共額收銀一十八萬四千八百二十
兩九錢五釐
再宣統二年河東霪雨為災山水暴發池東之雷鳴
白家李綽等堰池西之硝池七郎阜刀等堰迭出險
工雖經搶護無虞而時屆隆冬堰根受水尚五六尺
或丈餘不等堰身之浸漬者一時難於施工祗能節
節搶修為得尺得寸之計第工大費鉅約畧估計非
三萬金左右不能臧事原有歲修一款每年收數不

過二三千兩祗堪留備各渠堰零星修葺之用是以
詳准自宣統三年正月始每鹽一名另收堰工銀二
兩仍照歷辦成案坐商認四成運販認六成每綱應
收銀一萬五百九十七兩三錢一分七釐俟工程報
竣時核明東西各堰動款若干照數收齊即行停止
此係臨時之款且收支尚無定數故附録雜捐之末
以備查考
前列四類內除畦稅靈礦鹽釐鍋池歲修三款非

就引鹽徵收外餘皆按引鹽核收是爲課項科則
另列專表於左以資醒目

復相戶　二十四

河東引盐課捐加價等項科則表

每一百二十引為一名計重三萬斤

皆按名填註每二百五十斤為一引

款目別 / 錢銀別 / 省分別	山西	陝西	河南	靈寶
報部 正課（庫銀）	五十兩	同上	同上	同上
報部 雜課（同上）	五十五兩	同上	同上	同上
報部 海防經費（同上）	十兩	同上	同上	同上
報部 另籌加價（同上）	二十四兩	同上	無	無

徵榷門

二十五

內銷十款

按引攤捐	同上	六錢	同上	同上	同上
價款攤捐	同上	二兩四錢	同上	同上	同上
公約賠款加價	同上	四十兩	同上	同上	同上
晉引解部加價	同上	四十三兩	無	無	無
晉引產銷加價	同上	四十三兩	無	無	無
陝豫產鹽加價	同上	無	二十一兩五錢	同上	同上

商捐外					
鹽引公費	同上	十五兩	同上	同上	同上
銷價	同上	三兩三錢四分六釐	同上	同上	無
三省打帖	同上	八兩	同上	七兩六錢	九兩一錢二分
池脚備公	同上	二兩二錢	同上	同上	同上
保周	同上	四錢	同上	七錢三分三釐	同上

銷十款					
牆工經費	同上	一兩四錢	同上	同上	同上
團練經費	同上	三兩六錢	同上	同上	同上
粥廠經費	同上	一錢五分	同上	同上	同上
爐工經費	同上	二兩	同上	同上	同上
同蒲鐵路加價	同上	二十六兩六錢六分六釐六毫六絲	無	無	無

岸收各款

籌餉加價	制錢	無	三十千文	九十千文	同上
賠款加價	同上	無	一百二十千文	同上	同上
陝豫解部加價	同上	無	六十千文	同上	同上
陝豫銷盐加價	同上	無	三十千文	同上	同上
洛潼鐵路加價	同上	無	無	九十千文	同上

統計

山西課捐加價每名共銀三百三十兩七錢六分二釐六毫六絲按一五合制錢四百九十六千一百四十四文再按每名三萬斤平均計算每斤該錢一十六文五分四釐

陝西課捐加價每名共銀二百三十九兩五錢九分六釐按一五合錢三百五十九千三百九十四文又就岸徵收錢二百四十千共計制錢五百九十九千三百九十四文再按每名三萬斤平均計算每斤該錢一十九文九分八釐

河南課捐加價每名共銀二百一十五兩五錢二分九釐按一五合錢三百二十三千二百九十四文又就岸徵收錢三百九十千共計制錢七百一十三千二百一十四文再按每名三萬斤平均計算每斤該錢二十三文七分八釐

靈寶課捐加價每名共銀二百一十三兩七錢三釐按一五合錢三百二十千五百五十五文又就岸徵收錢三百九十千共計制錢七百一十千五百五十五文再按每名三萬斤平均計算每斤該錢二十三文六分八釐

生息

中學堂生息

河東道庫原有膏火生息係咸豐四年發交生商承領銀五千七十九兩一錢二分按月一分生息備支河東書院生童膏火之用嗣生商疲困息銀交不足額而河東書院旋又改設河東中學堂支款日繁光緒三十三年遂將前項息銀附入銷價項下併款收支向歸外銷每年約收銀四百兩

高等小學堂生息

河東於光緒三十年創設高等小學堂初由牆工經費內提銀八千兩又於三十三年由官運餘利內提銀三千兩先後發交官運局承領又宣統元年由鹽池歲修內提銀一萬兩牆工經費內提銀二萬兩發交本省各包販承領前後共發息本銀四萬一千兩均年息八釐附入銷價項下併款收支向歸外銷每年額收銀三千二百八十兩

育嬰堂生息

河東之有育嬰堂昉自道光二十四年原發當商息本銀四千兩按年一分生息迨後當商閉歇僅存息本銀二千六百二十兩光緒二十九年續又發當銀一千兩按年一分二釐生息惟育嬰堂經費不敷甚鉅歷由池腳備公項下借動光緒三十三年附入池腳備公項下併款收支向歸外銷每年應收銀三百九十二兩

徵榷門

留養局生息

留養局創自乾隆年間原發當商息本銀一千二百兩由當商具領生息備支留養局米粟暨恩賞孤貧錢文之用迨後當商閉歇内有二百四十兩歸於無着僅存息本銀九百六十兩現經附入粥廠經費内併款收支向歸外銷每年應收銀一百二十六兩

積穀生息

光緒八九兩年由道籌發坐商息本銀六千兩年息

八釐原備積穀之用章生商疲累息本半歸無着而粥廠經費又入不敷支因於光緒三十三年將積穀息銀附入粥廠經費內併款收支向歸外銷每年約收銀二百餘兩

堰戶工食生息

此項生息係光緒二十一年籌發生商息本銀一千九百兩按月一分生息遇閏加增乃堰戶工食待支專款光緒三十三年附入鹽池歲修項下併款收支

向歸外銷每年應收銀二百二十八兩

以上六宗每年應收銀四千六百二十六兩

官運餘利

提撥鎊款

河東於滯銷引地設立官運補民力所不及當開辦之始領有運本詳見運銷門運本疏銷兩分類積存餘利均即作為護本光緒二十六年奉部咨行各省稅釐鹽規酌提歸公等因當經詳咨每年在於官運盈餘並商捐工

發鐵路項下提銀二萬兩連同鹽商釐課交納之按引攤捐銀三千兩一併撥解充鐵路款近今數載因工程一項又須籌撥學堂息本詳見雜捐分類之學堂經費暨生息分類之高等小學堂是以奉撥之充鐵路款即由官運餘利內每年提撥銀二萬兩依限報解此款列入每年奏撥冊內造報生息各項下

收支

提撥公費

官運局之提撥各署公費始自光緒二十二年係於

後檔　三十一

每年春間結算上年餘利時提撥分解內有撫院原
定公費改解報効練兵經費銀三千兩新定公費銀
三千兩文案經費銀四百兩幕委經費銀二千兩河
東鹽道公費銀二千兩以上五項均自宣統二年起
照數提解山西藩庫歸入新定各官公費案內匀撥
惟鹽掣同知公費銀八百兩現仍就近照支又自宣
統二年起每年提解
督辦鹽政處經費銀二千兩每年共由官運餘利內

提撥公費銀一萬三千二百兩此款向於每年結算官運餘利時報查不入道庫收支

收支實數

內銷收支

河東內銷收入共分三類一為按引徵收如正課雜課海防經費晉陝另籌加價按引攤捐償款攤捐公約賠款加價晉引解部加價晉引解司加價陝豫產鹽加價此十款者皆以銷引之多寡為準宣統元年

復格

三十一

新陳併計銷引五千三百四名計溢額五名四十一引收數因而見多二年新陳併計銷引四千三百一十七名四十八引計短額九百八十一名三十一引收數因而見少且晉豫滯引例得通融陝岸代銷加價互有不同收數即互有增減詳見本門隨課加價分類一為另款列收如坐商畦稅官運餘利此二款者或年無年有或特別奉提皆國家經常收入一為以支作收如撥備餉需加復俸餉減成截曠提存節省報部減平

此五款者前兩款出自商捐鹽引公費項下後三款出自雜課年例開支項下歲入之數即在歲出之中此河東內銷各款收入之大畧也至內銷支出共分五類一為解繳部庫如領引紙價每引三厘京部飯銀內閣二百兩翰林院八十兩度支部領引紙張二十八兩六錢一分奏銷飯銀六百兩筦榷司領引繳引飯食共二百四十兩顏料庫繳引飯食三十一兩七錢九分內務府飯食一百兩都察院飯食二千六十二兩又吏部飯食五百兩自甲辰綱起

鹽政處開辦經費三千兩宣統二年解常年經費一萬兩內銷項下動支銀五千七百五十兩外銷項下動支銀二千二百五十兩官運餘利銀二千兩宣統二年始

三十三

後檔

海軍開辦經費河東分認二十萬兩自宣統二年起分四年解常年經費河東分認一萬五千兩宣統元年起內務府經費每年四萬兩晉引普遍加價有定數無定數工季收數下季清解報部減平儘收儘解春夏季扣存本年秋季解冬季扣存次年春季解九款皆依限清解一為協解鄰省如甘肅協餉每年奉撥四十八萬兩雲南銅本每年奉撥四萬兩二款歷因引課懸欠未能解齊一為解還洋款如攤解賠款每年五萬九千兩代司庫分認賠款每年十九萬兩又隨補色平五千六百餘兩四國還款每年六萬兩又隨補色平八百八十餘兩克薩鎊款每年

二萬三千兩又隨補之五四十餘兩四款皆預解三個月按年遞推一為解交司庫如晉引產銷加價陝豫產鹽加價款有定款無定數二款歷因司庫支絀先由道庫借墊作為預解每屆季屆照收數開除一為年額留支如各官養廉紙硃書役工食雜課開支三款皆每歲所必需而積引在綱歷皆按年借墊於各該本綱奏銷之際在於徵收雜課項下造報開除歸墊此河東內銷各款支出之大畧也所有宣統元二兩年內銷收支總數列表

附後

外銷收支

河東外銷收入除軍磧鹽釐一款係由藩庫劃撥外餘分按引徵收按限徵收兩類如鹽引公費銷價三省打帖池腳脩公保用墻工團練粥廠等經費八款原皆按引徵收其鹽池歲修並河東中學堂等六項生息七款則皆按限徵收然以實在情形論即按引徵之款亦多按限徵收蓋河東先課後鹽固屬定章

無如同治年間已有酌予限課之案一則藉紓商力

一則免顧奏銷迨後陳陳相因轆轤周轉預報作完

之数恒数百名千餘名不等而外銷報告則按實録上

庫計算遂與内銷引数互有參差宣統元年依限上

庫之銀合計引数四千七百四名較内銷少六百名

二年依限上庫之銀合計引数五千二百七十五名

四十八引較内銷多九百五十八名至鹽池歲修因

宣統二年池遭水患收数較少以及六項生息内之

復林門　三十五

小學堂生息係宣統元年秋間提發以故元年收數少於二年餘則大致相同惟元年所收有坐商繳還借款銀兩係光緒二十六七等年三場坐商借領平糶鹽價修治畦地等銀陸續繳還寄存外庫元年辦理報告儘數收回鹽池歲修尽款乃特別收入並非常有此河東外銷各款收入之大畧也至外銷支出則分四類一為提撥報解之平餘飯銀每年解內務府經費隨解平餘布袋勞鞘銀一千三百二十兩又每年給事中飯銀四百八十兩都察院加增飯銀一千兩

提備餉需詳見本門雜款分類提解歸公等款提歸內銷京官加復俸餉一千兩提解司庫鹽道公費報効練餉三千兩提解司庫歲節兒費一萬二十四兩零又宣統元年撥解南洋勸業會經費三千兩宣統二年提解鹽政處經費二千二百五十兩藩院公費解司四千四百兩鹽道公費解司七十三百五十兩一為騰挪濟用之匯費解費每年匯源注款三十二萬餘兩之匯水暨添補色平又解京解省解廿餘兩派官派差之津貼盤費解費教育經費河東中學堂師範學堂兩等小學堂農業警察經學堂皆自光緒三十年以後次第成立費習藝所經費皆自光緒三十二年以後創辦並未另籌專款以上皆新增出款幾占歲出十之三四一為商捐商用之坐商

銷價原額應領一萬六千餘兩今祇按半給發蒲灘代賦津貼始於嘉慶年間禁止灘民私晒每年代賦二千七百八十餘兩原定津貼一萬三千一百八十餘兩光緒六年十年兩次遞減按半中之半給發一為就款開支之各署公費自院道以下鹽務大小衙門各官辦公經費書役工食緝私經費晉陝豫三岸各局卡員弁薪糧典禮費香火祭品交通費造船修路電報差由軍事費鹽捕營薪餉工程費營繕廟宇衙署修理壇工善舉費育嬰堂留養局繳廠鹽捐助振款一切雜費派員查案審案津貼盤費年節賞號印刷刊刻等用此河東外銷各款支出之大畧也所有宣統元二兩年外銷收支總數列表附後

河東道庫內銷各款宣統元年分收支總數表

款目	歲收入	款目	歲支出
鹽引正課	二六五二〇〇〇〇（萬 百 兩 分）	領引紙價	一九〇七五二（萬 百 兩 分）
鹽引雜課	二九一七二〇、〇〇	京部飯銀	二三四二、四〇
海防經費	五三〇四〇、〇〇	海軍常年經費	一五、〇〇、〇〇

徵榷門　三十七

晉陝另籌加價	七五六七二、〇〇
按引攤捐	三一八四、〇
償款攤捐	一二七二九、六〇
分認賠款加價	二二一六、〇〇
解部晉引加價	六三〇八一、〇〇
內務府經費	四〇〇〇〇、〇〇
甘肅協餉	四〇〇〇〇〇、〇〇
雲南銅本	一〇〇〇〇、〇〇
攤解大案賠款	五九〇〇〇、〇〇
分認代司庫賠款	一八五六一一、三二

晉引加價解司	六三〇八一、〇〇
陝豫加價產鹽	一〇四〇四四、四〇
坐商畦税	一、五〇
官運餘利	二〇〇〇〇、〇〇
提備餉需	一〇四六一、〇〇
四國還款	六〇八四、六一
克薩鎊款	二三〇四四、二三
解部晉引加價	五五二〇五、〇〇
解司晉引加價	六七四二四、〇〇
解司陝豫加價	〇七二六九、四〇

徵榷門 三十八

京官加復俸餉	一〇〇〇〇〇
減成截曠	二一〇九六六
提存節省	七二三六七七
報部減平	一〇〇四二
共計收入銀一百一十八萬五千七百一十七兩四錢四分	

各官養廉紙硃	八四〇〇〇〇
書役工食	五一七一〇五
雜課開支	九九一九六六
解部減平	一〇三六〇一
共計支出銀一百五萬三千二百一十四兩九錢	

河東道庫內銷各款宣統二年分收支總數表

款目	歲收入	款目	歲支出
鹽引正課	二二五八七〇〇〇	領引紙價	二〇一五五二
鹽引雜課	二三七四五七〇〇	京部飯銀	三八三四
海防經費	四三一七四〇〇	鹽政處經費（關常）	八七五〇〇〇

晉陝加價另案	五六三八七、六〇	海軍開常經費	六五〇〇〇、〇〇
按引攤捐	二五九〇四	內務府經費	四〇〇〇〇、〇〇
償款攤捐	一〇三六一、七六	甘肅協餉	四〇〇〇〇、〇〇
公約加價賠款	一七二六九六、〇〇	攤解大案賠款	五九〇〇〇、〇〇
晉引加價解部	五一五三四、七八	代司庫分認賠款	一八五六一一、二二

晉引解司加價	五一五三四、七八	四國還款	六〇八八四、六二
陝豫產鹽加價	八〇一四四、七一	克薩鎊款	二三〇四四、〇三
坐商畦稅	無收	解部晉引加價	三六〇六二、〇〇
官運鹽利	二〇〇〇〇、〇〇	解司晉引加價	八九〇一、〇〇
提備餉需	一〇四六一、〇〇	解司陝豫加價	三五五七五、二一

徵榷門　四十

復格門　四一

京官加復俸餉	一〇〇〇、〇〇	各官養廉紙硃	八四〇〇、〇〇
減成截曠	二一三九、〇九	書役工食	五一七七、〇五
提存節省	五三四三九、八五	雜課開支	九九三三、六六
報部減平	九八五、二九	解部減平	九七八、二〇
共計收入銀一百萬九千七百七十六兩三錢		共計支出銀九十五萬五千一百七十四兩九錢	

河東道庫外銷各款宣統元年分收支總數表

款目	歲收入	款目	歲支出
鹽引公費	七〇五六〇〇〇（萬 百 兩 分）	解部平餘飯銀	二八〇〇〇〇（萬 百 兩 分）
鹽池歲修	三四五四、二七	提備餉需	一〇四六一、〇〇
銷價	一四九三三、二三	提解各款	一七〇二四、六三

徵榷門

三省打帖	三七八二六、六四	匯費解費	一〇二七三、〇七
池腳備公	一〇一七八、四〇	坐商銷價	八〇五七六、〇
保用	二三八四、四四	蒲灘津貼代賦	五〇八〇、八八
牆工經費	六六四七、一六	習藝所經費	二七三三、七四
團練經費	一六九三四、四〇	各署公費	四五四一三、八〇

四十一

徵榷門

粥廠經費	七〇五、六〇	緝私等費	二七三三六、八九
中學堂生息	四一五、二五	典禮等費	七七三、五四
小學堂生息	二〇八〇、〇〇	教育等費	一八九一五、七二
育嬰堂生息	四二八、〇〇	警察等費	五七〇八、〇〇
留養局生息	一二六、〇〇	交通各項	五〇五四、一七

四十二

積穀生息	二〇〇〇〇	軍事各項	三三五五六二一
堰工倉戶生息	二四七〇〇	工程各項	九二五五四三
單牘鹽釐	二一二一九	善舉各項	三一五六〇五
坐商繳還借款	四九六五九六	雜支各項	八四六一三九
共計收入銀二十八萬三千二百七兩五錢三分		共計支出銀二十萬三千九百七十兩二分	

河東道庫外銷各款宣統二年分收支總數表

款目	歲收入（萬百兩分）	款目	歲支出（萬百兩分）
鹽引公費	七九一三一〇〇	解部平餘飯銀	二八〇〇〇〇
鹽池歲修	三三二三三一	提備餉需	一〇四六一〇〇
銷價	一六四六三六六	撥解各款	二八〇二四六五

徵榷門 四十三

復榷門　四十三

三省打帖	四三〇四、二一
池腳備公	一二四四〇、五八
保用	二八六二、三八
牆工經費	七三八五、五六
團練經費	一八九九一、四四
匯費解費	九八六二、三一
坐商舖價	七六九六、二一
捕灘代賦津貼	五〇八〇、八八
習藝所經費	二七九七、五七
各署公費	四〇四五八、八四

術廠經費	七九一、三一	緝私等費	二八三〇、〇六
中學堂生息	四八三、二四	典禮等費	六六一、七九
小學堂生息	三八〇、〇〇	教育等費	三九九三、二一
育嬰堂生息	四一六、〇〇	警察等費	七四八八、〇〇
留養局生息	一三六、〇〇	交通各項	三八九一、七九

徵榷門 四十四

徵榷門

四十四

積穀生息	二〇〇、〇〇〇
堰戶生息 工食	一一四、〇〇〇
軍積鹽厘	二二三一、一九
共計收入銀二十九萬八千二百三十二兩八錢八分	

軍事各項	二三三四六、二七
工程各項	二一五五九、一四
善舉各項	六八四八、二五
雜支各項	五七•七、八九
共計支出銀二十二萬八十五百七兩八錢四分	

再前表所列外銷各款入少出多宣統二年試辦三年預算奉部核飭按照多支銀數自行酌減當經河東道詳定每年在於雜支項下酌減銀一千五百兩臨時工程項下酌減銀一千五百兩各官公費項下酌減銀六千四百七十兩緝私經費項下節省銀四百三十二兩單事費項下節省鹽捕營雜支銀五百五十七兩蒲灘津貼項下節省銀一千六百四十八兩六項共減支銀一萬二千一百七兩又官運局成本

徵榷門　四十五

原領銀一十二萬三千兩向不起息現定按年六厘
生息每年加收入款銀七千三百八十兩統計多入
少出二共銀一萬九千四百八十七兩依算宣統三
年以後收支兩可相抵今併識之

河東鹽政紀要稿本

職官門

河東職官門分目

職官門目錄

一

河東鹽務職官額缺制祿表

官職	駐所	編俸（百兩分）	養廉（千兩分）	公費（萬兩分）	津貼（百兩分）
會辦鹽政大臣	太原省城 巡撫兼				
鹽法道	運城	一〇五〇〇 坐永濟縣	四〇〇〇、〇〇 藩庫支	一〇〇〇〇、〇〇 藩庫支	
鹽法監掣同知	運城	八〇、〇〇 以次皆坐安邑縣	二〇〇、〇〇 鹽課 鹽引公費項下	六〇〇〇、〇〇 以次皆鹽引公費項下	八〇〇〇〇 官運餘利項下
批驗鹽經歷	河南陝州會興鎮	四五〇〇	三〇〇、〇〇 以次皆雜課項下	一〇〇〇、〇〇	三三一、六〇 三省打帖項下
鹽道庫大使	運城	四〇、〇〇	三〇〇、〇〇	八〇〇、〇〇	

職官門

職官門 一

中場大使	運城	四〇、〇〇	三〇〇、〇〇	四〇〇、〇〇
東場大使	運城	四〇、〇〇	三〇〇、〇〇	六〇〇、〇〇
西場大使	運城	四〇、〇〇	三〇〇、〇〇	四〇〇、〇〇
鹽池司巡檢	解州常樂村	三一、五二 坐解州	二五六、〇〇	二四〇、〇〇
聖惠司巡檢	安邑聖惠鎮	三一、五二 坐安邑縣	二五四、〇〇	二四〇、〇〇
長樂司巡檢	解州長樂村	三一、五二 坐解州	二五〇、〇〇	二四〇、〇〇

河東鹽務自雍正元年巡鹽御史裁缺以川陝總督兼管十

三年專設鹽政駐節河東定為歲額養廉一萬三千兩是仍沿巡鹽御史之舊嘉慶後以山西巡撫兼管鹽政養廉全數歸公歲支鹽務公費八千兩光緒十一年報効提備餉需銀五千六百兩僅存二千四百兩又官運公費六千兩係自光緒二十二年暨三十二年先後起支內除報效練兵經費三千兩僅存三千兩又三十四年起另支幕委經費四千兩共九千四百兩宣統元年奏定照數解交藩庫一併歸公是年山西巡撫改授會辦鹽政大臣繳銷鹽政印信遂無公費至河東鹽法道係以原駐蒲州府之河東道移設兼管詳見

場灶門建置年月分類故俸廉仍舊公費歲定八千兩自光緒十一年
三十一年先後裁効提備餉需二千兩練兵經費三千兩僅
存三千兩又津貼二千兩官運公費二千兩辦差公用一千
二百兩換季公用六百兩開綱經費五百五十兩截角公用
一千五百兩護式平餘一千兩餘引津貼一千兩共一萬二
千八百五十兩亦於宣統元年奏定全數解交藩庫另由藩
庫歲領公費銀一萬兩其自監掣同知以下各官皆嘉慶十
二年復奏案內增設除俸廉例支外公費各照定額於本年
先支七成餘俟年終核明銷數按成補支銷足十成全數給領

河東鹽務局所員名書役薪工表

差項	員數	歲薪	雜費	書役	工食
統計處	科員三員	七百二〇兩〇〇分	七二兩〇〇	七名	二百九六兩〇〇
	幕友一員	四八〇.〇〇			
	書記二員	一九二.〇〇			
鹽法研究所	學長一員	二四〇.〇〇	二〇〇.〇〇		
	學員二十名	七二〇.〇〇			

職官門 三

職官門

三

潞口批驗局	正委一員 副委一員	二四〇.〇〇 一九二.〇〇	一七七二〇	九名	三三四.〇〇
會興鎮督銷局	正委一員	二四〇.〇〇	二四〇.〇〇	二名	三三六〇
三河口批驗局	正委一員 副委一員	二四〇.〇〇 一九二.〇〇	二七.一二	十一名	三八五.四四
茅津渡驗放局	正委一員	二四〇.〇〇	三八.〇〇	五名	一八〇.〇〇
下馬口驗放局	正委一員	二四〇.〇〇	二七八.〇〇	六名	二二六.〇〇
合計	三十四員	三千九百三十六兩	一千二百二十二兩三錢二分	四十名	一千四百三十五兩四分

右表所列歲共額支銀六千五百九十三兩三錢六分前兩

項八月在徵榷門外銷表各署公費內關支後五項十七月
在徵榷門外銷表緝私等費內關支均遇閏照加

職官門

四

河東緝私員弁勇役員名薪餉表

差項	員數	歲薪	馬乾雜費	勇役	餉項
陸川緝私	一員	百兩分 二四〇〇〇	百兩分 一〇八〇〇	書識一名 步勇二十	百兩分 七六五二四
三門緝私	一員	九六、〇〇	七八、〇〇	步勇十名	三六四、六二
硝池灘緝私	一員	二四〇、〇〇	二四、〇〇	局役二名	七〇、八〇
五姓湖緝私	一員	二四〇、〇〇	五七、二〇	局役二名	四九、五六
蒲灘緝私	一員	三六〇、〇〇	六〇、〇〇	步勇八名	二六二、二〇

職官門

五

中東場緝私	一員	二四〇、〇〇	一五七、五〇	馬、步勇二、二十八名	一七七八、八五
中西場緝私	一員	二四〇、〇〇	一四一、九〇	馬、步勇二、二十名	八八五、〇四
巡查禁鹽	三員（按月電旨）	七二〇、〇〇			
韓郃緝私	一員	二四〇、〇〇	一七八〇〇	馬、步勇二、二十名	九二五、七二
同耀緝私	一員	二四〇、〇〇	一九二、〇〇	馬、步勇二、二十名	九二五、七二
乾武緝私	一員	二四〇、〇〇	一七八、二〇	步勇二十名	七六五、二四
蒲富緝私	一員	二四〇、〇〇	二三〇、九〇	馬、步勇二、三十名	一三九〇、三四

臨渭緝私	一員	二四〇、〇〇	二〇六〇〇	步勇二十名	七六五、二四
鞏孟緝私	一員	二六八、〇〇	一三二、〇〇	步勇十四名	五五二、八四
襄葉緝私	一員	三六〇、〇〇	二五二、〇〇	馬勇二 步勇七十名	二七八〇、八八
南裕緝私	一員	二四〇、〇〇	一七五、一二	勇由襄葉分撥	
運安鹽營	中哨正一副一員	一四四、〇〇 一二〇、〇〇	一二五、〇〇	書識一 馬勇六 步勇四十 名	二三八九、七二
	左哨一員	一四四、〇〇	四八〇、〇〇	書識一 馬勇四 步勇三十六 名	一六八八、六四
	右哨一員	一四四、〇〇	四八〇、〇〇	書識一 馬勇四 步勇三十六 名	一六八八、六四

職官門

	差弁一員	一四四、〇〇			
鹽捕營	管帶一員	一二〇〇、〇〇	一三八二、四〇		
	幫帶一員	六〇〇、〇〇			
	文案一員	一九二、〇〇		哨書四名	一九二、〇〇
	教習二員	三八四、〇〇		號令洋鎗匠護兵二十六名	一〇〇六、〇〇
	哨官三員	七二〇、〇〇		什長牌長正兵共五百名	一七八五〇、〇〇
	哨長五員	七二〇、〇〇			

合計文武	三十六員	八千九百七十六兩	三千七百五十四兩二錢二分	九百五十六名	三萬六千八百一十七兩二錢九分

右表所列歲共額支銀四萬九千五百六十七兩五錢一分前十七項五十六目在徵榷門外銷表緝私等費內開支後一項十目在徵榷門外銷表鹽事各項內開支均遇閏照加

職官門